Liliencron, die Rahlau und Alt-Rahlstedt

August-Wilhelm R. F. Beutel

Liliencron, die Rahlau
und Alt-Rahlstedt

Bibliografische Information der Deutschen Nationalbibliothek:
Die Deutsche Nationalbibliothek verzeichnet diese Publikation
in der Deutschen Nationalbibliografie; detaillierte bibliografische
Daten sind im Internet über http://dnb.dnb.de abrufbar.

© 2018 August-Wilhelm R. F. Beutel
Satz, Umschlaggestaltung, Herstellung und Verlag:
BoD – Books on Demand

ISBN: 978-3-7460-8737-5

Inhalt

Vorwort

Rahlstedt, die Rahlau, die Menschen: Das alles wurde mir zur zweiten Heimat, so wie Liliencron es einst ausdrückte: »Rahlstedt heißt jetzt Wahlstedt.«

A-W Beutel in Hamburg-Stellingen ... und Liliencron in Kiel.

Auf Liliencrons Spuren, mit seinen Augen versuche ich das Wort, ähnlich wie Liliencron in Lyrik, das Umfeld der Au, die Rahlstedt einbindet, zu betrachten ... einzufangen ... zu bestaunen! Worte fangen in Bildern ein – in die Farben des Regenbogens –, dies wunderschöne Umfeld Rahlstedts. Es ist, als sollte ich in dieser Welt an der Rahlau ein zweites Mal – in Wort und Bild – geboren werden.

Mit meinen Blicken, mit dem Wort, versuche ich Liliencron ein wenig besser zu verstehen, und damit, so hoffe ich ... auch die Rahlstedter.

Am Rande zu erwähnen Matthias Claudius, Theodor Storm, Demel usw. ...!

Nicht wissenschaftlich, wie der französische Liliencron-Forscher Jean ROYER, sind meine Anmerkungen, einfach nur menschlich – auch wenn vielleicht ein wenig Kunst dabei herauskommt. Aber ...

Aber die Kunst in den ›Grauen Alltag‹ ein wenig Eingang finden zu lassen: z. B. Liliencrons »Blümekens«-Gedicht usw., das gehört zu meinem Anliegen. Die Menschen, an seinem Denk-mal, im Liliencronpark, und nicht zuletzt die kleine Lebensader, ›die Rahlau‹, die Rahlstedt mit Leben füllt; alles das in die Herzen der Mitmenschen Eingang finden zu lassen (in Wort-Bildern), das soll – muss mein Anliegen sein, sonst dürfte ich mich nicht Poet nennen. Erinnerungen anregen, über »Blümekens«, die verschenkten, die das Herz erweiterten, und nachdenken über die, die wir nicht verschenkten, die unser Herz verengten. Das alles möchte ich mit meinem Büchlein zum 100. Todestag Liliencrons (1909–2009) erreichen, um das Wörtchen HEIMAT, wenn's auch die zweite – eine sogenannte Wahlheimat – ist, mit diesen »Blümekens« an Liliencron erinnern, und wie schön doch unser Umfeld auch heute noch ist. Aber? … aber, wenn wir nicht beginnen, mit ein paar Blümchen – Bild und Wort – S i e – unsere Mitmenschen – an den Zauber unserer schönen Restumwelt zu erinnern: z. B. wenn ich am Ufer der Rahlau den Diamanten der Au, den Eisvogel, im Glitzern der Morgensonne, das Umfeld mit Glanz erhellend, sehen – oder … den Graureiher, wenn er morgens in der Au sein Frühstück einnimmt mit mir. Wer achtet schon heute noch darauf, wenn der Kiebitz seine Wiese mit Beschlag belegt, das Rotkehlchen trällert und der Zaunkönig mit seinem Federschwänzchen keck das Unterholz umschwirrt?

Das stille, zarte Plätschern der Rahlau begleitet mich fortan auf dem Weg ins »Dorf«. Das Zentrum, den Mittwochs- und Samstagsmarkt. Die Rahlstedter Kulturwochen (ich bin dabei), die Buchläden, Frau Skorka im Himmel der Bücher, Firma Heimann im Center, selbst die Haspa, die Volksbank (usw.), der Liliencronpark mit seinem Denkmal und seinen »Blümekens«, wir schließen auch all die Nichtgenannten mit ein, die Personen mit Rang und Namen, die Geschäfte etc., selbst das Schwimmbad und die Polizei …

Möge Ihnen, liebe Leserschaft, und uns allen das noch lange in Frieden erhalten bleiben.

Man geht im Alltag an so viel Schönem vorbei: Ich kann nur einen kleinen Anstoß geben, von der Natur, die Rahlstedt so zu eigen ist, mit meinen Mitteln zu berichten: am Rande der Rahlau, und Rahlstedt als Ort, in dem Liliencron seine letzte

Ruhe fand. Ich binde in meine Wünsche ein, nicht als Künstler allein unverstanden, nein, einfach als Mensch unter Mitmenschen verstanden zu werden, und nicht schon Stein, wie das Denkmal im Liliencronpark. Rahlstedts geistiger Sohn (als einer) gebe ich die Losung aus, einige seiner gelebten Gedanken – in Wort und Bild – neu zu erwecken … Sein Rahlstedt, sein Tangstedt bei Hamburg, wo er im Schloss seine Wochenenden verbringend seinen autobiografischen Roman »Leben und Lüge« schrieb. Seinen Sprung nach Pellworm (1882/83), dort, wo ich auf seinen Spuren ›2003‹ dreimal Urlaub machte, um wie Liliencron einmal nachzuempfinden, wie seine Gedichte dort entstanden. Z. B. »Trutz Blanke Hans« und »Rungholt«. Weiter seine Aufenthalte in Kellinghusen, wo er (1884–1887) als Kirchspielvogt ein Amt bekleidete, bis ihn das leidige Thema Geldnot wieder einfing und er gehen musste. Selbst in den USA versuchte er sein Glück, bis er dann letztendlich seine Wahlheimat – Alt-Rahlstedt – fand (1902–1909). Auch in Weimar fand er sich ein … Mehr will ich anfangs nicht berichten, es sollte auch nur ein Vor-Wort sein.

Blümekens (Detlev von Liliencron)

Kleine Blüten, anspruchslose Blumen,
Waldrandschmuck und Wiesendurcheinander,
Rote, weiße, gelbe, blaue Blumen
Nahm ich im Vorbeigehn mit nach Hause.
Kamen alte, liebe Zeiten wieder:
Auf den Feldern wehten grüne Hälmchen,
Süß im Erlenbusche sang der Stieglitz,
Eine ganze Welt von Unschuld sang er
Mir und dir.

Nun, seit Jahren, ordnen deine Hände
Perlenschnur und Rosen in den Haaren.
Wie viel schöner, junge Frau, doch schmückten
Kleine Blumen dich, die einst wir pflückten,
Ich und du.

(A-W Beutel)

Am Denkmal Liliencrons
verliert sich mein Wort, wird einfach
Zeigefinger. Der Weg am Bach
entlang, beladen, von dem
nächtlichen Gewitter, plätschert
hoheitsvoll und nimmt das Licht
an jener Biegung auf, wo gluten

mich die Sonne blendet. Hand
im Goldrausch frühen Trinkens
Teil in der Gedankenwelt von
IHR zu sein: Morgenstunde!
Denk-mal-Runde. Künstlich
angelegter Teich vor seinem Angesicht.
Nur der Reiher – stolz – im Grün

am Rahlauer Uferrand kündet mir
Froschfrieden an: »Poggfred« genannt!

A-W Beutel

Es war Tag

und alle Sonnen dieser Welt gebären mir
den Funken Seligkeit in meine Hand, um das,
was ich erlebte, durch die Zeitspirale wach-
zurufen: Tatbestand. Ich sagte vieles.
Manches schrieb ich auf: Kirschblüten weißgeträumt.
»Flüstern im Paradies.« Ich baute vieles auf.
Zerstörte alles. Ein Nichtmensch gebar sich

außerhalb vom Krieg! Frieden gab es nur als Gegenpart:
Vergänglichkeit. Blind läuft der Harakiri-Mensch
durch dieses Wunder Leben: Himmel/Hölle, das alleine
ist sein Sinn. Der Tod ist nur der Augenblick –
das Leben ist die Ewigkeit. So gesehen ist das Wort Geburt
im Todes-Augenblick schon lange überwunden!
Ewigkeit ist Zeit: Wann! begreift der Mensch – das

Erden-Paradies? »Wenn ER vor einem Kirschbaum
steht und in die Blüten-Flammen schaut.«

I

Meine ur-eigene Geschichte, zur Geschichte Rahlstedts in Wort-Bildern

sie bindet ein die Kultur Hamburgs – auch manchmalig übergreifend, was die literarische Seite anbelangt.

Politik? Nur am Rande, obwohl man überall politisches Denken von außen hereintragen könnte. Kritik, wie gesagt, man hat es leider ganz vergessen, besteht aus Positiv **u n d** Negativ. Den einleitenden Worten folgt einfach diese, meine, mag sein ganz unkonventionelle Form, meine Geschichte: Geschichte zu betrachten.

Geburtszahlen einiger Dichter, die mit Hamburg in welcher Beziehung auch immer in Verbindung gebracht werden, sie bezeichne ich mit Geburts- und Todesjahr. Z. B.
Klopstock ... (1724–1803) usw.

Um den Bezug zum 100. Todestag Detlev von Liliencrons nicht aus den Augen zu verlieren, taucht im kalendarischen Ablauf immer wieder Rahlstedts Geschichte als grobgerasterte Staffelei auf. Die eigentliche spezielle, ureigene Gestaltung des Aufbaus von Leben und Arbeit Liliencrons, sie zieht dann wieder ihre Kreise durch meine Gedankenwelt ... in Wort-Bildern dahin.

Wie früh soll ich beginnen? Beim Urknall? Nein! Mir fallen andere Daten ein, z. B. die Eiszeiten, die vor über 100.000 Jahren begannen und ca. 20.000 vor unserer Zeitrechnung dann in Ausläufern, bis zum Ortskern, und weiter im Stellmoorer Tunneltal ihre Visitenkarte hinterließen. Rinnen, Mulden, Strukturen von Hügeln und Schildrücken, so die

Berichte von Wissenschaftlern, die sich umgehend mit den Situationen geologischer Strukturen – auch um Rahlstedt und Umgebung – nahest beschäftigten. Die Fakten kann ich nur staunend mit offenem Mund an dieser Stelle erwähnen. Ich war nicht dabei und bin auch nicht geologisch prädestiniert, ein Dafür oder ein Dagegen einzusetzen. Ich möchte nur in meiner lyrischen Form in Wort-Bildern an diese Naturphänomene erinnern.

So, wie berichtet wird, soll am Ende der Altsteinzeit ca. 12.000–8.000 v. Chr. zwischen Meindorf und Ahrensburg Rentierjäger in Gruppen diesem Wild nachgestellt haben.

Der tiefe Bodenfrost, so wie er in der nordsibirischen Tundra ähnlich zu dieser Zeit in diesen Breitengraden um Ahrensburg – Meiendorf zu Hause war, machte es möglich, diese Tiere ›hier‹ »damals« zu bejagen. Feuerstein-Werkzeuge, Knochen, Geräte aus Geweihen dieser Tiere ließen diese Annahmen der Archäologen zu, und außerdem auch die Kunstgegenstände aus Bernstein vertieften diese Theorien. Diese Menschen, so die Wissenschaft, sie sollen die »ersten Meindorfer« gewesen sein.

Auf germanisch-sächsische Siedlungen in diesen Breiten deuteten Funde hin, die auf das 8./9. Jahrhundert n. Chr. schließen.

Obwohl viel früher Menschen hier im Rahlstedter Raum lebten, findet die Erwähnung Rahlstedts, als urkundliche Bestätigung, im Jahre 1248 statt. Es muss ja alles seine Ordnung haben. Auch wird erwähnt, dass die Kirche – das Wahrzeichen Rahlstedts – älteren Datums ist. Na ja, so ist das mit der Wissenschaft: Alles muss irgendwo auf Papier niedergeschrieben worden sein, sonst hätten wir im Jahre 1998 nicht 750 Jahre Rahlstedt feiern können, und das wäre ja schade.

Die Dörfer Neu-Rahlstedt, Oldenfelde, Meiendorf wurden in dem Zeitraum 1263–1318 urkundlich erwähnt, wobei das Kirchspiel Alt-Rahlstedt der kirchliche Mittelpunkt dieser Dörfer war.

Im Mittelalter, 13.–15. Jahrhundert, waren die Schauenburger Grafen nicht nur die Stadtherren Hamburgs, sondern ebenso die Landesherren von Stormarn und Holstein. Mit weniger als 1000 Einwohnern an der Bille, Alster und Elbe gelegen: Hamburg!

So wirkten auch aus diesem Raum die wirtschaftlichen, politischen Beziehungen auf die Dörfer um Rahlstedt sich aus. Das Hamburger Domkapitel erwirbt Grundherrenschaften in diesen Dörfern. Die Regelung der Pfarrstelle in Alt-Rahlstedt geht von Hamburg aus. Außerdem bereiten sich die Städte Lübeck und Hamburg auf politische und wirtschaftliche Gemeinschaftsinteressen vor: z. B gegen die Gewalt der Raubritter usw.

Die Alte Landstraße lässt Rückschlüsse aus diesen Annahmen im 14. Jahrhundert zu. Im Jahre 1459 erlischt die männliche Linie Schauenburgs. Der Dänenkönig Christian I. aus dem Hause von Schleswig und Holstein bescheinigt im »Freiheitsbrief von RIPEN« im Jahre 1460 beiden Herzogtümern die Autonomie, sprich Eigenständigkeit. Schleswig ist staatsrechtlich dänisches Herzogtum; Holstein wird vom deutschen Kaiser an den dänischen König verliehen, was immer das für die Menschen auch heißen mag. Aus dieser Sicht gehört Rahlstedt zu Dänemark.

Schleswig und Holstein unterlagen der Regierung aus Kopenhagen. Dann sollte die GOTTORPER Zeit eingeleitet werden, eine Seitenlinie des Hauses Oldenburgs. Die Nennung der

Gottorper Zeit geschah durch die Residenz im Schloss Gottorp. Somit die Landesherrschaft Stormarns von dort aus. Unruhen sollten erhebliche Veränderungen bringen. 1627 wird Rahlstedt in den Dreißigjährigen Krieg hineingezogen, der 1618 mit dem Aufstand der Böhmischen Protestanten wegen kaiserlicher Verletzung des »Majestätenbriefes« von 1609 begann. (Einbezogen der Prager Fenstersturz, der ja in allen Geschichtsbüchern Überlieferung findet.)

Die kaiserlich katholischen Heere unter der Führung der Feldherren Tilly und Wallenstein lagern nach Brandschatzung und Plünderung der stormanischen Dörfer in der Alt-Rahlstedter Heide, die südlich von Alt-Rahlstedt lag: im Raum des heutigen Hohenhorst, ein nur mit Heidekraut bewachsener Landstrich. In Alt-Rahlstedt selbst quartierten sich die Feldherren und Offiziere ein.

Schauplatz kriegerischer Auseinandersetzung wird Stormarn dann 1657–1659 zwischen Schweden und Dänemark. Die Leidenden waren, wie immer, zu allen Kriegszeiten, die einfachen Menschen, in diesem Falle hier die Bauern. Besatzungskosten und Zerstörungen trafen das einfache Volk sehr. Das ganze Dilemma sollte sich dann Jahrzehnte später wiederholen (1711–1729) durch dänische, polnisch-sächsische und russische Truppen als Besatzungsmächte. Wieder mussten erhebliche Kriegslasten vom einfachen Volk aufgebracht werden. So hinterließ der »Nordische Krieg« wieder einmal tiefste Spuren im Volk.

So, wie die Geschichte der kriegerischen Auseinandersetzungen begann, so lief sie weiter: mit moderneren Waffen, größerem Leid und unsäglicher Gräueltaten mehr … überall auf der ganzen Welt: bis auf den heutigen Tag … und wohl, wie ich die Menschen kenne, auch darüber hinaus!

An dieser Stelle meldet sich im Jahre 1680 Liliencron zu Wort, er fällt mir buchstäblich ins Wort, denn er sollte Anlass sein für meine Bemühungen, ein wenig Licht in sein Leben einfließen zu lassen.

Jetzt werden Sie sagen: »Ja, aber Liliencron ist doch erst 1844 geboren.« Stimmt! Aber es gibt noch viele andere Gesichtspunkte, Geschichte zu betreiben. Z. B. eine kleine Geschichte der in und um Hamburg geborenen Literaten, die ebenso, wenn nicht noch wichtiger ist für meine Betrachtung in Bezug auf Liliencron und unsre kleine Au: die Rahlau, die Rahlstedt ihren Namen gab.

1600–1720: die Barockzeit
1720–1785: Aufklärung und Rokoko

Hier beginne ich mit dem Barock (literarisch) 1600–1720.

Als eine Epoche der Gegensätze stellt sich das Zeitalter des Barock dar. Prunkvolle Bauten, Denkmäler, reich verziert: Gips und Gold, in überschwänglichen Ornamenten verarbeitet. Der Zwinger in Dresden, den ich vor Jahren mit den HH-Autoren bei einer Lesereise besuchte, zeigte uns den Glanz der Zeit. In den barocken Kirchen, in dunklen Winkeln Symbole des Todes. Prunk und Tod als Ausdruck des Dreißigjährigen Krieges (1618–1648). Gegensätze oder ein Übertünchen der fürchterlichsten Form, mit Menschenleben umzugehen. Lebenshunger der Menschen, Sehnsüchte nach Ordnung der Dinge und Schönheit, was Form und Formen betrifft.

Andreas Gryphius (1616–1664) in Glogau, Schlesien, geboren, schrieb sein Gedicht »Tränen des Vaterlandes« (1636).

Wir sind doch nunmehr ganz, ja mehr denn ganz verheeret
Der fremden Völker Schar, die rasende Posaun,
Das vom Blut fette Schwert, die donnernde Kartaun
Hat aller Schweiß und Fleiß und Vorrat aufgezehrt.

Die Türme stehn in Glut, die Kirch ist umgekehret,
Das Rathaus liegt im Graus, die Starken sind zerhaun.
Die Jungfraun sind geschändet, und wir hin nur schaun
Ist Feuer, Pest und Tod, der Herz und Geist durchfähret.

Hier durch die Schanz und Stadt rinnt allzeit Blut.
Dreimal sind schon sechs Jahr, als unserer Ströme Flut
von Leichen fast verstopft sich langsam fortgedrungen.

Doch schweig ich von dem, was ärger als der Tod,
Was grimmer denn die Pest und Glut und Hungersnot,
Daß auch der Seelenschatz so vielen abgezwungen.

Kein Wunder, dass auf der anderen Seite dieser Wunsch nach
Formen Bestand hatte und in diesem Gegensatz von Leid und
Tränen die Höfe im 17. Jahrhundert kulturelle Zentren wur-
den. Der Adel förderte die Kunst. Bedeutend z. B. Wien in der
»höfischen« Barockkunst. Also bestimmten auch die Fürsten,
was Kunst zu sein hat.

Höfische und Unhöfische Literatur bildete die Gegenpartsitu-
ation: wobei die Unhöfische Literatur satirisch-moralisierend,
dann den Fortlauf der Epoche von der Renaissancezeit über
den Barock zur Aufklärung zum Rokoko vorbereitete (1720–
1785).

Wenn man die Lyrik aber als eine Art Gesellschaftslyrik be-
zeichnen möchte, wie es in einigen Geschichtsbüchern ange-
deutet wird, dann möchte ich doch generell gegen das Wort
Gesellschaft mein Veto einlegen, denn Lyrik kommt zwar aus
dem Allgemeinen, aus dem Alltäglichen, beinhaltet aber immer
Einzelnes! Die Sehnsucht nach dem etwas leichteren Leben,

die blieb, was ich gut, bei all dem Scharmützel der Zeit, nachvollziehen kann.

Ich greife jetzt der Zeit voraus, um wieder ein wenig Rahlstedt näherzurücken. Matthias Claudius (1740–1815), in Erinnerung an den Dreißigjährigen Krieg, schrieb Folgendes:
Kriegslied

's ist Krieg! 's ist Krieg! O Gottes Engel wehre
Und rede Du darein!
's ist leider Krieg und ich begehre
Nicht schuld daran zu sein!

Was sollt' ich machen, wenn im Schlaf und Grämen
Und blutig, bleich und blaß
Die Geister der Erschlagnen zu mir kämen
Und vor mir weinten, was?

Wenn tausend Väter, Mütter, Bräute,
So glücklich vor dem Krieg,
Nun elend, alle arme Leute,
Wehklagten über mich?

Was hülf mir Kron' und Land und Gold und Ehre?
Die konnten mich nicht freun!
's ist leider Krieg – und ich begehre
Nicht schuld daran zu sein!

Wenn ich dann dagegen das Schlaflied singend mir zu Gemüte führe, »Der Mond ist aufgegangen«, dann spricht dieser Gegensatz alle Zeit und den Einzelnen an.

Um nicht zu weit abzuschweifen, begebe ich mich wieder Richtung Hamburg und zur Kultur (Literatur) des 18. Jahrhunderts. Zu Barthold Brockes (1680–1747). Hamburg ist nicht unbedingt der Tempel der Musen, da Kommerz und Handel das alltägliche Leben durchdrangen. Brockes berichtete, wie das literarische Leben in Hamburg und Umgebung ablief.

Mit einer Schüssel angerichteter Speise und einer Flasche Wein traf man sich bei Tee, Kaffee, Tischgerät und Gläser – ohne Kochen –, da ja das Lesen oberste Priorität hatte. Aus der Mitte der Anwesenden liest jemand eine Viertelstunde. Bei Bedarf wurde dann darüber geredet. Frauen bewappneten sich mit Strickzeug etc.

In rund vierhundert Lesegesellschaften zwischen 1760 und 1800 ging es dann später so zu!

Somit fanden die beiden Dichter Brockes (1680–1747) und Hagedorn (1708–1754), beide in Hamburg geboren, Eingang in die Hörsäle des Volkes.

An dieser Stelle ein Gedicht von Hermann Claudius, dem Urenkel vom Wandsbeker Boten: geboren 1878.

Unsere Alster
(Binnenalster um 1700)

Ich sehe Barthold Brockes gehn,
nach seiner Binnenalster sehn.
Am Jungfernstieg die Reihen Linden,
leicht gebeugt von leisen Winden,
geht er entlang am span'schen Rohr,
im grauen Rock, ein wenig vor-
geneigt seine Barockgestalt.
Am Pavillion, da macht er Halt.
Dort wartet die Vierländerin
und hält ihm schon ein Sträußchen hin
von Rosmarin, fein säuberlich.
Herr Barthold Brockes neiget sich,
zieht seine Börse, seht mir, seht,
wie er nun würdig weitergeht
den Jungfernsteig mit seinen Linden,
leicht laubbewegt von leisen Winden.
Und in ihm klingt schon lächelnd-leis'
sein Lied vom Alter-Paradeis.

Nicht zu vergessen die beiden anderen Dichter jener Zeit, die Hamburg beheimatete:
    Friedrich Gottlieb Klopstock (1724–1803) und
    Gotthold Ephraim Lessing (1729–1781)
Vom Letztgenannten beeindruckte mich ein Gedicht, das ich in kurzen Auszügen andeuten möchte. Diese Zeilen sind – so meine ich – zeitlos, und das ist im Eigentlichen der tiefere Sinn der Lyrik, den Menschen, den Einzelnen anzusprechen: zeitlos!

Die D r e y Reiche

Drei Reiche sind's, die in der Welt
uns die Natur vor Augen stellt …

Die Tiere sind den Menschen gleich
und beide sind das erste Reich.

Die Pflanze macht das andre Reich
dem ersten nicht an Güte gleich.

Das Steinreich ist das dritte Reich,
denn ohne Lieb und ohne Wein,
sprich, Mensch, was bleibst du noch?
      Ein Stein.

Um an dieser Stelle eine Überleitung auf das Thema Liliencron
zu bekommen, führe ich nochmals die Gedanken Brockes an,
der sagte: »Ein Buch, das leben soll, muß seinen Schutzgeist
haben.«

In diesem Sinne will ich versuchen, in Wort-Bildern ein wenig
Schutzfunktion für Liliencrons Werke zu übernehmen. Seine
Gedichte werden auszugsweise zu Worte kommen, auch seine
Kantussen werde ich noch ansprechen. Aber zuerst folge ich
wieder der Geschichte Rahlstedts und den politischen Folgen
vom Zarismus aus. Herzog Karl Peter Ulrich, Landesherr »Hol-
stein-Gottorp«, wird russischer Großfürst. Als Zar Peter III.
besteigt er den russischen Thron. Holstein, damit Stormarn
und Alt-Rahlstedt, unterliegen der Entscheidung von dort aus.
»Moscauer Fuhrenreglement« und »Herrschaftliche Freifuhren«
usw. … all das betrifft auch die Bauern von Alt-Rahlstedt.
Der Vergleich Gottorps, 1768 erkennt Dänemark (seit 1660

Erbmonarchie), gegen Erlass der großen Staatsschulden Dänemarks, Hamburg endgültig als kaiserliche Reichsstadt an. 1773 tritt Katharina die Große im Vertrag von Z a r s k o j e Selo Holstein an den Dänischen König ab.

Zwischenzeitlich werden die für Hamburg wichtigen Literaten geboren. 1740 Matthias Claudius, auf den später noch näher eingegangen wird, und 1752 Caspar Voght, der mit dem Jenischpark in Hamburg in engster Verbindung steht.

Doch zunächst weiter mit Rahlstedt, das bis 1846 Dänemark zugehörig bleibt.

Seit 1780 bekommt die Alte Landstraße »Katzensteinpflaster«. 1791 Verpflichtung der dänischen Untertanen ganzjährig zum Schulbesuch, der in Alt-Rahlstedt bereits seit 1621 in einer Kirchspielschule unterhalten wurde. Hamburg führte dann im Jahre 1870 die allgemeine Schulpflicht ein.

1806, Hamburg wird besetzt! Am 19. November rücken 3000 Mann (französische Truppen) in meine Geburtsstadt ein. Eine bunte Besatzungsmacht aus Franzosen, Holländern, Italienern, Spaniern und Deutschen! Am 18. Dezember 1810 verkündet eine Botschaft des französischen Kaisers, dass das ganze Küstengebiet der Nordsee bis nach Lübeck dem Kaiserreich einverleibt sei. Damit wird Hamburg französische Stadt. Die Wappen und Abzeichen der Stadt verschwinden und machen dem französischen Adler Platz. Wieder werden hohe Abgaben aus der verarmten Stadt erpresst. Die Hamburger Bank mit allen Vorräten an gemünztem Gold und Silberbarren wird beschlagnahmt.

Viertausend Hamburger Männer, Frauen und Greise müssen die Befestigungswerke wieder herstellen. Als dann nach der Völkerschlacht bei Leipzig am 16./19. Oktober die Nordarmee der Verbündeten sich nach Hamburg in Bewegung setzt, beginnt D a v o u t , sich auf die Belagerung einzurichten. Befestigungswerke in Form von Trümmerfeldern werden gelegt. In allen Vororten von Billwerder, Horn, Hamm, Borgfelde, Hohenfelde, Harvestehude, Eppendorf bis Eimsbüttel fallen Landhäuser und Bauernhäuser der Zerstörung zum Opfer. Das gleiche Schicksal erleidet die Vorstadt »Hamburger Berg« (St. Pauli). Die Einwohner werden aufgefordert, sich auf sechs Monate mit Lebensmitteln zu versorgen. Etwa zwanzigtausend Menschen werden in der Weihnachtsnacht 1813 bei eisiger Kälte vor die Stadttore getrieben. Trotz liebevoller Aufnahme, die sie bei den Bewohnern der Nachbarstadt A l t o n a finden, erliegen mehr als elfhundert den ausgestandenen Leiden. Am 30. Mai 1814 ist Hamburg frei.

Ähnlich ergeht es Rahlstedt von 1807–1813, es müssen Versorgungsdienste für die französischen Truppenbewegungen getätigt werden. Einquartierungen und Plünderungen, besonders durch das Lützowsche Freikorps, wird Rahlstedt über alle Maßen geschädigt.

In diese fürchterlichen Jahre 1795–1835 fiel die Deutsche Romantik mit den beiden großen deutschen Malern: Caspar David Friedrich und Philipp Otto Runge. In der Literatur waren die Wegbereiter der Romantik: Ludwig T i e c k (1773–1853)

»O holde Einsamkeit,
O süßer Waldschatten,
Ihr grünen Wiesen, stille Matten,
Bei euch nur wohnt die Herzensfreudigkeit.«

Und W. H. Wackenroder (1773–1798) mit »Herzensergießungen eines kunstliebenden Klosterbruders«. Mit diesem Büchlein (Mitherausgeber (L. Tieck) soll, so die Literaturwissenschaft, die Romantik eingeleitet worden sein.

(Zitat Wackenroder:) »Die Kunst muß eine höhere Geliebte sein, denn sie ist himmlischen Ursprungs, sie muss eine religiöse Liebe werden, oder eine geliebte Religion, wenn ich mich so ausdrücken darf. Nach dieser darf dann wohl die irdische Liebe folgen. Dann weht ein herrlicher labender Wind alle Empfindungen in dies eroberte Land hinein, das mit Morgenrot überzogen und von heiliger Wonne durchklungen ist.«

Und so wie W. H. Wackenroder zur Natur stand, so kann ich, an der Rahlau spazierend, ihm diese Gefühle nachempfinden. So schreibt er: »Seit frühester Jugend her, da ich den Gott der Menschen zuerst aus den uralten heiligen Büchern unserer Religion kennen lernte, war mir die Natur immer das gründlichste und deutlichste Erklärungsbuch über sein Wesen und seine Eigenschaften. Das Säuseln in den Wipfeln des Waldes und das Rollen des Donners haben mir geheimnisvolle Dinge von ihm erzählt, die ich in Worten nicht aufsetzen kann. Ein schönes Tal, von abenteuerlichen Felsengestalten umschlossen, oder ein glatter Fluß, worin gebeugte Bäume sich spiegeln …«

Und schon stehe ich vor der »Alten Weide« an der Rahlau

und im Hintergrund die Kirche Rahlstedts und schreibe auf ein leeres Blatt Papier, fühle mit Liliencron, der an diesem Punkte einst niederschrieb: »Die Kirche lag und liegt auf einer von Menschenhand etwas erhöhten Insel der Rahlau (ja, Sie lesen richtig, er schrieb Rahlau), wenn auch diese Erhöhung nicht zu erkennen ist. Wer Einsamkeit und die schöne frische Landschaft haben will, hier hat er beides im Überfluß. Wir sehen Hasen, Rehe, Fasanen, Rebhühner und wir hören die Wilde Taube.«

An dieser Stelle will ich Heinrich Heine (1797–1856) nicht vergessen und Friedrich Hebbel (1813–1863), der 1835 nach Hamburg zog. Er stand anfangs noch unter dem Einfluss der Romantik (1795–1835).

Der letzte Baum (Hebbel)

»So wie die Sonne untergeht.
Gibt's einen alten Baum,
Der wie in Morgenflammen steht
am fernsten Himmelssaum.

Es ist ein Baum und weiter nichts,
Doch denkt man in der Nacht
Des letzten wunderbaren Lichts,
So wird auch sein gedacht.

Auf gleiche Weise denk ich dein,
Nun mich die Jugend läßt,
Du hältst mir ihren letzten Schein
Für alle Zeiten fest.«

Ich steh vor der Alten Weide, den leeren Zettel immer noch in meiner Hand, da dachte ich ganz still bei mir, zu dritt, mit beiden Literaten an der Au zu stehn. Vertraute Gedanken begleiten mich weiter in der Geschichte um Rahlstedt und Rahlau.

Zwischenzeitlich (1843) entsteht die neue Straßenverbindung Hamburg–Lübeck über Meindorf – Ahrensburg und Bargteheide. Heute steht dort eine Nr. 75. Die Bundesstraße!

Liliencrons Geburtsjahr fällt mit dem Weberaufstand (1844) zusammen. Ein Jahr später (1845) stirbt August-Wilhelm Schlegel, einer der Mitbegründer der Romantik. Sein Bruder Friedrich Schlegel und Novalis, zwei weitere bedeutende Mitverfechter dieser Idee, die hier an dieser Stelle ich erwähnen möchte.

Um auch einen ganz anderen Aspekt in meine ureigene Geschichtsbetrachtung einzubringen, an dieser Stelle die Frauenmode um 1852.

Hellfarbig. Reifröcke aus leichtem Stoff; Dekolleté, große flache Hüte mit Samtbändern und Pleureusen.

Die Uraufführung von »Faust II in Hamburg« (1854). An dieser Stelle noch kurz die Weltausstellung in Paris (1855).

1863: Geburtsjahr von Richard Demel, von ihm später mehr, da mit Liliencron befreundet. Dann geht es Schlag auf Schlag. 1864: Schleswig-Holstein wird aus dem Königreich Dänemark ausgeschieden. 1867: Rahlstedt und Schleswig-Holstein preußische Provinz. Langsam entpuppt sich das Dorf Alt-Rahlstedt zu einem Villenvorort Hamburgs: gleichwohl Hamburg bis 1811 Zollausland ist.

1856: Eisenbahnstrecke Hamburg–Lübeck wird eröffnet. Das Eisenwerk Edward Grube nimmt 1884 seine Arbeit auf und 1898 das E-Werk mit daraus folgender Möglichkeit der Straßenbeleuchtung. Stadt-Fernsprecheinrichtung, Gründung des AMTV-Sportvereins … die Neuerungen werfen ihre Wellen in die Zukunft, bis dann 1901 Liliencron sich aufmacht, in Alt-Rahlstedt sesshaft zu werden.

Vorher wäre noch zu erwähnen, wobei »zu erwähnen« wohl nicht die richtige Wortwahl ist, um den Namen Bismarck zu erwähnen, der, so steht es in den Annalen, der den Krieg »veranlasst« zwischen Preußen/Österreich und Dänemark um Schleswig-Holstein: die Schlacht bei den Düppeler Schanzen!

Zwischen diesen Daten liegen noch, ganz nebenbei erwähnt, die folgenden Geburtsdaten einiger Literaten, die mit Hamburg in engstem Zusammenhang stehen: 1883 Ringelnatz, 1889, Ossietzky, 1893 Leip, 1894 Jahn und 1894 Gau.

Und schon springen wir mit allen »vieren« in das 20. Jahrhundert hinein.

Überregional wäre die Errichtung der Handwerkskammer in Berlin (1900) zu erwähnen. Zurück dann die Fertigstellung des ersten Rathauses von Alt-Rahlstedt, des Verwaltungsgebäudes: Amtsbezirk Alt-Rahlstedt, in der heutigen Amtsstraße.

Einwohner in Rahlstedt um 1900: 1290.

An dieser Stelle noch einmal, man möge es mir verzeihen: die Frauenmode um 1900:

schwere, dunkelfarbige Stoffe, Quasten, Stickereien, Cul, Spitzen und Perlen.

(Cul de Paris = unter dem Kleid getragene Gesäßpolster.)

Es wird geteilt, zusammengelegt ... so auch im Großraum Hamburg. Die Staatsregierung Preußen will Selbständigkeit und Entwicklung der Gemeinden um Hamburg fördern: Per Gesetz werden sie zu Großgemeinden zusammengelegt. 1927 entsteht auf diesem Wege die Großgemeinde »Alt-Rahlstedt«: Neu-Rahlstedt, Oldenfelde und Meindorf mit Teilen aus Tonndorf, Lohe und Jenfeld.

Gemeindeverwaltung in der heutigen Amtsstraße.

Erster Gemeindevorsteher war Hinrich Schulz. Er verfolgt die Weiterentwicklung Rahlstedts als Garten- und Wohnstadt. Einwohnerzahl 1927–1933 von 10.000 auf 14.000 angestiegen.

Nach der Machtergreifung (1933) durch Hitler wurden die Geschäfte des Amtes an den NSDAP-Ortgruppenführer Wilhelm Schulze übergeben.

Wieder wird geteilt und angegliedert ... diesmal (1937–1945). Durch das Groß-Hamburg-Gesetz der Nationalen Reichsregierung wird die Landesgrenze Stormarns, Rahlstedt, Hamburg angegliedert. Das Selbstverwaltungsrecht ging dabei verloren.

Durch den Bau der BOEHN und der GRAF-GOLZ-Kaserne und den Truppenübungsplatz am Höltigbaum wurde Rahlstedt zur Garnisonsstadt.

Zwischen 1901 und 1921 sind weitere Schriftsteller geboren, die im Zusammenhang mit Hamburg nicht zu übergehen sind. 1901 Willi Bredel, Joachim Nossack, 1906 Klaus Mann, 1916 Wolfgang Hildesheimer und 1921 Wolfgang Borchert. Nicht zu vergessen Gorch Fock (1880), »Seefahrt ist Not«, ein über alle Grenzen hinausfahrendes Wort!

An dieser Stelle mit A. Petersen (1883–1933), »Der Lord von Barmbeck«, könnte ich eigentlich mein Wort, betreffend dem, was ich mit den Gedanken an Liliencron erreichen wollte, 1901–1909 in Rahlstedt, sein Leben und Schaffen, abschließen. Aber 1943/44 wird Hamburg noch dem Erboden gleichgemacht. Und ich, 1937 geboren, erlebte diese grausamsten Nächte in Hamburg-Stellingen, meinem Geburtsort ... und erlebe sie im Innersten auch heute, wenn irgendwo auf der Welt das Elend irgendwelcher Kriege, Mensch gegen Mensch, wegen Konfessionen, Öl, Macht usw., stattfinden.

Mit ein paar nicht ganz unwichtigen Jahreszahlen möchte ich langsam diese meine Kurzgeschichte ausklingen lassen.

1944 wird Rahlstedt durch das Ortsamt verwaltet. 1945, 8. Mai, ist das Datum der Kapitulation der Deutschen Wehrmacht. Die Boehn-Kaserne wird von der britischen Rheinarmee besetzt, wobei die Graf-Goltz-Kaserne der eigenen Nutzung bleibt.

1946 wird Jonni Schacht Ortsamtsleiter und begleitete die Entwicklung Rahlstedts bis 1969.

1948 ... 700 Jahre Rahlstedt. 1949 Gründung der Bundesrepublik Deutschland. 11 Länder. Hauptstadt: Bonn!

Nach dem Gesetz der Bezirksverwaltung Hamburg behält Rahlstedt sein Ortsamt. Die Rückkehr zur kommunalen Eigenständigkeit bleibt verwehrt. Rahlstedt gehört jetzt zum Bezirk Wandsbek. Rund 40.000 Einwohner.

1959: Stürmische Stadtentwicklung in Rahlstedt. 1962: Sturmflut in Hamburg. 1966: Polizeirevier an der Scharbeutzer Straße. 1969–1993: Mietzsch wird Ortsamtsleiter. 1983: Eröffnung des Rahlstedt Center. 1984: Das Neue Rathaus. 1990: Fall der Mauer. Auflösung des Ostblocks.

1993: Schließung der beiden Kasernen in Rahlstedt. 1994: Gudrun Moritz wird Ortsamtsleiterin. 1997: der ehemalige Truppenübungsplatz wird Naturschutzgebiet.

Ab 1998 Rahlstedter Kulturwochen alljährlich unter der Schirmherrschaft von Frau Moritz. 1998: 750-Jahr-Feier.
1961: Gründung des Rahlstedter Bürgervereins e. V.
Heimatarchiv
Nydamer Weg 18 b
22145 Hamburg

Historische Abteilung, Bibliotheksbereich, Bildsammlungen, Zeitungsarchiv, Ausstellungsvitrinen … Sammlungen wie Notgeld, Bilddokumente zur Rahlstedts Postgeschichte.

»Der Rahlstedter«: ¼-jährliches Mitteilungsblatt des Bürgervereins. Aktivitäten etc. Bau- und Verkehrspläne: Stellungnahmen etc.

(1901–1909) bedeuten für Alt-Rahlstedt kulturell einschneidende Jahreszahlen. Detlev von Liliencron (war und ist es auch heute noch), einer der geistigen Söhne Alt-Rahlstedts. Straßennamen aus seinen Werken erinnern noch heute an sein geistiges Schaffen.

Detlev von Liliencron (1844–1909), geboren in Kiel am 3. Juni 1844, gestorben hier in Rahlstedt am 22. Juli 1909 im Kreise seiner Familie.

Der Schlusssatz ist an dieser Stelle nur Beginn des nächsten Teiles: »Mein Leben mit dem Dichter Detlev von Liliencron«. Also schnell hinüber oder zurück oder auch voraus – wie Sie, liebe(r) Leser(in), es möchten. Dort beginnt Liliencron im Jahre 1844, am 3. Juni 1844, erst einmal geboren zu werden.

Vielleicht sehen wir uns dort wieder, im nun folgenden Jahr. Wir schreiben das Jahr 1844!

II

Mein Leben mit dem Dichter Detlev von Liliencron

Mein Leben mit dem Dichter Detlev von Liliencron

»Warum Liliencron?«, wurde ich gefragt.
Als junger Mensch, fußballbegeistert, Opern- und Operetten-
freund, verliebt in alles, was fröhlich auf dieser Welt einher-
ging, das Leben zu meistern.
Liliencron begann ich zu lieben, ohne zu wissen, dass er in
diesem Text auf und ab schreitend sein Leben den Menschen
offenbarte.

Wie oft trällerte ich, wenn grau der Tag sich über mein Ge-
müt stürzen wollte, diesen Refrain des Liedes: »... und dann
die kleinen Mädchen, die kleinen Mädchen ... und tsching-
tsching bum ...«, und schon war der Tagbeginn gelaufen.
Fröhlich bog ich in den Dreck des Tages ein und freute mich,
schweißgebadet (Sommer), zähneklappernd (Winter), auf den
Feierabend im Sportverein, mit Jugendfreunden sich dem Sport
hinzugeben.

»Die Musik kommt« (Liliencron)

Klingkling, bumbum und tschingdada,
Zieht im Triumph der Perserschah?
Und um die Ecke brausend brichts
Wie Tubaton des Weltgerichts
Voran der Schellenträger.

Bumbum, das große Bombardon,
Der Beckenschlag, das Helikon,
Die Piccolo, der Zinkenist,
Die Türkentrommel, der Flötist,
Und dann der Herre Hauptmann ...

Der Hauptmann naht mit stolzem Sinn,
Die Schuppenketten unterm Kinn.
Die Schärpe schnürt den schlanken Leib.
Beim Zeus! Das ist kein Zeitvertreib.
    Und dann die Herren Leutnants …

Der Grenadier im strammen Tritt,
In Schritt und Tritt und Schritt,
Das stampft und dröhnt und klappt und flirrt,
Laternenglas und Fenster klirrt,
    Und dann die kleinen Mädchen …

Die Mädchen alle Kopf an Kopf,
Das Auge blau und blond der Zopf,
Aus Thür und Thor und Hof und Haus
Schaut Mine, Trine, Stine aus.
    Vorbei ist die Musike.

Klingkling, tschingtsching und Paukenschlag
(…) zog da ein bunter Schmetterling,
Tschingtsching, bum, um die Ecke.

Das war eigentlich mein erster Kontakt mit Detlev von Liliencron! Geboren am 3.6.1844 in Kiel und verstorben am 22.7.1909 in Alt-Rahlstedt (bei Hamburg). Aus diesem Anlass, 100 Jahre danach, wollte ich diesen Termin wahrnehmen, an diesen Poeten zu erinnern.

Dieses Erinnern soll – von mir aus – keine der üblichen Biografien werden, ich möchte einfach ein paar Wort-Bilder riskieren, um diesem Poeten mein Andenken zu weihen.

Jetzt kannte ich also Liliencron. »Die Musik kommt …« brachte mich doch im Grunde schon sehr früh an sein Wesen heran, das ich bis dahin nicht im Geringsten kannte. Aber egal, wo ich mich befand, er war schon da. Z. B. in Kiel, wo ich mein erstes Buch vorstellte.

In Tangstedt, bei Hamburg, wo er seinen letzten Roman »Leben und Lüge« auf die Beine stellen sollte; dort lebte ich zehn Jahre, und dort, in Tangbüttel (Tangstedt), brachte ich meine Buchreihe »Der Tangstedter Bote« heraus. Auf dem Titelbild »Das Torhaus«, durch das er dann die Jahre 1904 … bis zum Ende seines Lebens schreiten sollte, um all die Sehnsüchte zu sammeln, um sie Buch werden zu lassen: »Leben und Lüge!«

Bei einer Ausfahrt mit den Hamburger Autoren durch Schleswig-Holstein landeten wir wo? In einem Lokal in Kellinghusen, im »Altdeutschen Haus«, und ich traute meinen Augen nicht, in einer Ecke (eine Zimmergröße) stand Liliencrons Arbeitszimmer, nach Originalfotos als Unterlage: aufgebaut. Sein Arbeitszimmer aus Rahlstedt!

Nach langen missverständlichen Versuchen, Liebe zu leben, versagte mir Tangstedt, diesen Gedanken leben zu können. Und was geschah? Eine zauberhafte Begegnung ließ diese Zerwürfnisse vergessen lassen und ich zog nach Rahlstedt, nachdem ich schmerzlichst von dieser Alsterniederung um Tangstedt, Wilstedt, Wulksfelde von Wald und Wiesen und Restheideflächen Abschied nahm.

Aber Rahlstedt? War nicht auch dort irgendwann Liliencron zuhause? Ja, natürlich, seine Jahre von 1901–1909! Da begann ich zu überdenken, wie ich meine Wort-Bilder-Unikate zu Originalen machen könnte, um ein paar seiner Werke, zur Untermalung im wahrsten Sinne des Wortes, als Ablichtungen etc. für diesen Rückblick: »Mein Leben mit dem Dichter Detlev von Liliencron«, Wort werden lassen könnte.

Jetzt, ich weiß es, beginnen, wenn diese Geschichte am Ende gefertigt und gedruckt vor der Leserschaft steht, Experten so die Worte und Wörter zu durchleuchten, Termine zu rekapitulieren, um hier ein Datum, dort eine Begebenheit für ungenau oder gar falsch zu belegen. Für all diese Wesen, die sogenannten Nurkritiker, habe ich nur dieses eine Lächeln übrig, da ich an dieser Stelle keine wissenschaftlich perfekte Auflösung über das Leben dieses Poeten hinterlassen möchte, sondern einfach nur Anrisse geben möchte, Poesie zu leben: Darum » M e i n Leben mit dem Dichter D. v. Liliencron«, und dafür habe ich das Todesjahr 1909 ausgesucht, um nach dem Hamburger Autor Hagedorn aus seinem Gedicht »An die Dichtkunst« zwei Zeilen daraus hervorzuheben.

»Wie manchen Gram hast Du vermindert,
Wie manche Fröhlichkeit vermehrt...«

Und mit Barthold BROCKES, jener einzige Hamburger Dichter, der von sich behaupten konnte, Senator gewesen zu sein: Er schrieb einen liebevollen Satz!

»Oft wird das beste Buch durch andere begraben. Ein Buch, das leben soll, muß seinen Schutzgeist haben!«

Liebevoll für mich, da ich im Innersten sehe, wie Straßennamen, Gebäude, z. B. Liliencron-Apotheke, -Bücherei usw., usw., seinen Namen tragen, aber »Das Buch«, seine Gedanken, die werden mit irgendwelchen …! … Es geht nicht mehr!

Meine Worte und Wörter, sie gehören mir. Diese Einsicht ist nach dem großen Philosophen Ernst Cassirer, der von 1929–1931 Rektor der Universität in Hamburg wurde: immer bewusster. Sein Hauptwerk: »Philosophie der symbolischen Formen« … noch so ein Buch für einen Schutzgeist. Wir sollten viel mehr diese Schutzgeister entwickeln, damit nicht, wie im Falle Liliencron, seine Gedichte vergessen werden, um noch mehr dem Jäi, Jäi und geil, superoberaffengeil und ähnlichem Gesülze für unser deutsches Gedankengut eintreten. Und da beginne ich, ein winzig kleiner Schutzgeist … mit Liliencron!

Mein Leben mit dem Dichter Detlev von Liliencron: Wir schreiben den 3. Juni 1844: K i e l.
    Friedrich Adolf Axel von Liliencron, so schrieb man ihn in diese Welt hinein … oder hinaus! Der Vater, Luis Ernst von Liliencron, Zollbeamter. Die Familie hatte ihren Wohnsitz nicht auf einem Schloss, sondern sie wohnten in einer gewöhnlichen Innenstadtstraße in Kiel. Die Ursache für die damaligen Verhältnisse erklärbar; der Großvater des kleines Friedrich heiratete unstandesgemäß. Das zog den Verlust bestimmter Privilegien nach sich. Da auch die früheren Generationen den einstmals

großen Familienbesitz sehr schlecht verwalteten, blieb ihnen der Stolz auf blaues Blut ... mehr nicht!

Privatlehrer waren Überbleibsel dieser Gedankenwelt.

Als er 1854 die Gelehrtenschule Kiels besuchte, hatten die Mitschüler ihn schon bald folgendermaßen abgestempelt: »Liliencrönchen, Muttersöhnchen, Zierbarönchen.« Als Einzelkind, verhätschelt, denn seine Schwester starb früh bei einem Unfall; so nahm sein junges Schicksal seinen Lauf. Die Versetzung in der Schule schaffte Friedrich, das war im eigentlichen Sinne erst einmal das Wichtigste. 1861 verließ Friedrich Schule und Stadt. Zu dänisch war ihm Schleswig-Holstein. Er erträumte sich eine Karriere im Preußischen Heer. Sein Ziel war Erfurt, außerhalb der nördlichen Herzogtümer, um dort einen Abschluss zu machen. Somit waren die Jahre angefüllt (1861/62) mit dem Gedanken, für die Fähnrichprüfung zugelassen zu werden.

Nach Schulabschluss 1863 dann der Eintritt in die Kadettenanstalt in Berlin. Seine Freizeitbeschäftigung blieb aber, so berichtet man, die Auseinandersetzung mit der Literatur.

Im Westfälischen Füsilierregiment Nr. 37 zu Mainz begann er seinen militärischen Dienst. Als Fähnrich konnte er, der damalige schmächtige Junge, dann das Jahr abschließen. 2 ½ Jahre weiter wurde Friedrich zum Sekondeleutnant befördert. Teilnahme an Feldzügen und erste Verwundungen, so war die Zeittafel dieser Jahre angefüllt. (Bekämpfung des Aufstandes in Polen usw.!)

Auszüge aus einem Gedicht von Liliencron

Wer weiß wo!
(Schlacht bei Kolin, 18. Juni 1757)

1/1 Auf Blut und Leichen, Schutt und Qualm
1/3 Die Sonne schien
1/6 Einst von Kolin

Dritte Strophe, Zeile 3–6

Ein Grenadier von Bevern fand
Den kleinen erdbeschmutzten Band
Und hob ihn auf.

Vierte Strophe ganz

Und brachte heim mit schnellem Fuß
Dem Vater diesen letzten Gruß.
Der klang nicht froh.
Dann schrieb hinein die Zitterhand:
»Kolin. Mein Sohn, verscharrt im Sand.
Wer weiß wo!«

Die vorherige Verkürzung des Gedichtes soll keine negative
oder positive Kritik bedeuten, sondern einfach die Schrecklich-
keiten, seine Gefühle hervorheben, die sich mit meinen kind-
lichen Erinnerungen dort decken, wo ich Ähnliches als Kind
erlebte. Auch die seine Melodie soll nicht gestört werden, dafür
sind diese Gedichte Unikate, die, ins eigene Sprachempfinden
übersetzt, nur das wiedergeben können, was wir selbst erlebt
oder wir uns an Kriegsgräuel vorstellen können.

1866 dann Teilnahme am Krieg mit Österreich. Das genieße-
rische Treiben trieb ihn immer mehr in seine lebenslange an-
dauernde Misere: die Verschuldung! Seinem Freund, Ernst von
Seckendorf, ein langjähriger Freund und ebenso Vertrauter,
berichtete er in einem Brief vom 11. Dez. 1869 :..

Ich möchte es so haben: ein kleines hübsches Schloß, 1–1 ½
Stunden von einer mittelgroßen Stadt (mit Gallerien, guten
Theatern und Conzerten), dazu einige Nebengebäude und nur

6 Pferde: 4 Wagen – 2 Reitpferde – 1 Bedienter (Kammer-
diener und Aufwärter), ein Kutscher u. ein Gärtner (können
verheiratet sein). Wie viel Mädchen: Dies überließe ich meiner
Frau.«

Mit ca. 25 Jahren schrieb er diese Zeilen, und ich denke an
das Schloss in Tangstedt (Tangbüttel), wo »Leben und Lüge«
sich treffen sollten.

Die Literaten Turgeniew, Heine und Storm, so die Forscher, waren die Antreiber, wieder eigene Texte zu verfassen. Verarmter Adel, sein Identitätsdilemma usw., diese Fakten konnten wohl mit dem Eintritt in die Armee anfangs aufgefangen werden, aber, um von Friedrich auf Detlev, seinen Künstlernamen, zu gelangen, das brachte neue, tiefgreifendere Entscheidungen in seine Welt.

Eine Abrechnung übergab er brieflich seinem schriftstellerischen Freund Theobald Nöthing: »Als Offizier hatte ich das Glück, in 7 Provinzen und 17 Garnisonen zu stehen; war 1864 in Polen (Insurrektion), machte 1866 und 1870/71 mit, war in beiden Kriegen verwundet (zuletzt schwer)«, so das Resümee von knappen Daten über seine Garnisonsaufenthalte etc.

So beschreibt er z. B. eine Beschlagnahmeaktion Ende August 1870 folgendermaßen: »Ich komme soeben von einem Requisitions-Commando zurück; etwas Schreckliches. Witwen umklammern Kniee; das letzte Heu, die letzte Kuh wird genommen; Kinder heulen; der gemeine Soldat wird zum Thier; zuletzt dumpfe Verzweiflung oder, wie ich es schon erlebt, ein Wutausbruch mit Zerschmeißen und Zerreißen von Allem, was noch im Hause ist. Dies (…) sind die Hauptzüge einer Requirierung: Mais, c'est la guerre!«

Ähnlich muss im Dreißigjährigen Krieg und überall auf der Welt die Besatzung, Plünderung ausgesehen haben, die sich z. B. in Alt-Rahlstedt in der Geschichte (vorher beschrieben) abgespielt haben.

Am 12. Januar 1871: »Ich war, bei der Ablösung einer Wache, in großer Lebensgefahr. Ein liebenswürdiges Schrapnell hatte die Gewohnheit, gerade über meinem Kopf zu krepieren. (…) einem Mann, der neben mir stand, wurde von einem Sprengstück das linke Bein abgerissen u. mehrere sonst leicht angeschossen …!«

So bildete das Soldatenleben genügend Stoff für Gedichte, Novellen ...!

In Erinnerung

Wilde Rosen überschlugen
Tiefer Wunden rotes Blut.
Windverwehte Klänge trugen
Siegesmarsch und Siegesflut.

Nacht. Entsetzen überspülte
Dorf und Dach in Lärm und Glut.
»Wasser!« Und die Hand zerwühlte
Gras und Staub in Dursteswut.

Morgen. Gräbergraber. Grüfte.
Manch ein letzter Atemzug.
Weiter, witternd, durch die Lüfte
Braust und graust der Geierflug.

Es folgen an anderer Stelle bitterste Erinnerungen, wenn er Zeilen niederschrieb, wie die folgenden:
»Da lag mein Freund, zerrissen, bloß
Noch mit Besinnung, rettungslos,
Das Eingeweide hing heraus.
Er starrt mich an im Sterbegraus.«

Dann lese ich in einem kleinen Sammelband von ausgewählten Gedichten von 1907 ...!

Die kleine Ballade

Hoch weht mein Busch, hell klirrt mein Schild
Im Wolkenbruch der Feindesklingen.
Die malen kein Madonnenbild
Und tönen nicht wie Harfensingen.

Und in dem Staub der letzte Schelm,
Der mich vom Sattel wollte stechen:
Ich schlug ihm Feuer aus dem Helm
Und sah ihn tot zusammenbrechen.

Ihr wolltet stören meinen Herd?
Ich zeigte euch die Männersehne.
Und lachend trockne ich mein Schwert
An meines Rosses schwarzer Mähne.

Am 15. Juni 1871 schrieb er in einem Stimmungsbild seine Gedanken an seinen Freund Seckendorf: »Mein Leben, meine Vergangenheit zog an mir vorbei …!« In diesen Zeilen des Gedichtes »Die kleine Ballade« wird aus dem »Groß« ein »Klein« gemacht, um vielleicht sein Inneres ein wenig darüber hinwegzutäuschen, wie stark ihm all diese Gräuel das Innerste umkrempelten, verletzten. Und wie sehr er sich nach seinen Haidegedichten (den Orten) sehnte, um im Einklang mit sich und der Umwelt seinen inneren Halt wiederzufinden. Ich kann es nur erahnen!

Sein Deutsch-Französischer Krieg endete mit einer Verwundung, die eine Kur, nach erster Heilung, zur Folge hatte. Hier, in KÖTHEN sein Kuraufenthalt, vielleicht eine Wende? Er lernte die schöne Helene von Bodenhausen kennen. Sie 16 Lenze alt. Heimlich verlobt, gegen den Willen des Vaters, vernachlässigte Liliencron teilweise seinen Dienst, und zur Möglichkeit der Ablenkung benötigte Liliencron Geld. Kiel und Kellinghusen: Im Schoße der Familie suchte er Schutz im Schreiben vor sich und der Welt … und den wieder und wieder ins Gewicht fallenden Schulden.

1873, auf Drängen des Vaters Helenes, musste sie sich mit einem anderen Mann verloben. Bis Oktober 1875 schien diese Trennung Liliencron aus der Bahn zu werfen. Neue Schulden fielen an. Unter Verzicht auf Pension, Abschied aus der Armee und damit Abschied von einer Epoche seines Lebens, die aber über Nachwirkungen noch lange ihn beschäftigen sollte.

Mit Empfehlungen und seinen Zeugnissen wollte er in einem südamerikanischen Land Offizier werden. Mit seinen Schulden, ohne flüssige Mittel, Ausrüstung usw. schien sein Plan undurchführbar, was sich dann auch als solches erweisen sollte.

So beschäftigte er sich, wie in seinen Aufzeichnungen zu lesen ist, als Sprachlehrer, Pferdeknecht, Stubenmaler, Pianospieler in billigen Kneipen in der New Yorker Welt.

Umgangsformen, Adel … des jungen Offiziers waren wohl so fehl am Platze, wie der Tag ohne Nacht zu denken ist. Armut lernte er kennen. In Folge des »Naturalismus mit seinen Gegenströmungen« gegen Ende des 19. Jahrhunderts: Die soziale Härte traf ihn tiefst, so dass er sich bald mit dem Gedanken an Heimfahrt vertraut machte:

»New York p.p. war und ist mir ein Gräuel; es ist das Leben da so schnurstracks gegen alle meine Gewohnheiten, Empfindungen, Lebensbetrachtungen, daß mir jetzt mein dortiger Aufenthalt wie eine Hölle vorkommt!«

»America, dieses scheußliche ekelhafte Land!« Amerikamüde beendete Liliencron seine Abenteuer (1875–1877) mit einem Gedicht: »Der Broadway in New York«, womit er nochmals seine Gefühle untermalt.

Welche Rolle der Gedanke an seine Mutter er mit dieser Reise verbindet? Ich weiß es nicht, wie weit seine Gefühle in seiner (Geld-)Not und anderer Nöte mehr bei ihm eine Rolle spielten. Seine Mutter, Adeline SYVESTRA, geborene von Harten, ihre Wiege stand in Philadelphia. Sein Großvater soll ein innigster Freund des großen Washington gewesen sein. So er selbst in seinen Aufzeichnungen. Spurensuche? Oder Suche nach Wärme, die Erinnerung an seine Mutter aufleben zu lassen? Denn in seiner Bibliothek in Rahlstedt waren nicht nur die Bücher von Eichendorff, Kleist, Böcklin und Nietzsche eingereiht, sondern auch die Lieblingsdichter seiner Mutter: Annette v. Droste-Hülshoff und Lord Byron.

Vielleicht doch ein wenig Heimweh nach einer Welt, die er nicht kannte und entdecken wollte, vielleicht sogar hätte lieben können? Vielleicht ein Ausweg aus seiner Misere? Ich weiß es nicht. Das war der Ausgangspunkt, Amerika aufzusuchen. Der feudale Lebensstil, Schulden, die ihn sein Leben lang verfolgten, er setzte seiner Offizierslaufbahn ein unrühmliches Ende (1875). Wie das Ende der Musikreime, zog er selbst als ein Schmetterling von Blüte zu Blüte, um in seinen Träumen Nektar oder einfach – doch – seine Traumfrau zu finden? War das Amerika?

Über seinen Lebenswandel, Schulden usf., will ich mit einem Augenzwinkern hinwegsehen. Dies soll nicht bedeuten, dass ich diese Art Lebenswandel gutheißen kann, zu sehr musste ich mich zur Decke strecken, um dort zu stehen, wo ich heute stehe. Mich zuhause fühlen, so wie einst Liliencron 1905 in den »Hamburger Nachrichten« verlauten lässt: »Rahlstedt heißt jetzt Wahlstedt!« Er war angekommen, so wie auch ich in meinem Wahlstedt, dem Ort, an dem ich mit meiner Lebensgefährtin gemeinsam leben und arbeiten möchte: (literarisch versteht sich).

Und die Verbindung zu Liliencron ist das Gestalten dieser Broschüre und anderer Bücher, die noch folgen sollen, wie Brockes es so treffend ausformulierte: »Oft wird das beste Buch durch andere begraben. Ein Buch, das leben soll, muß einen Schutzgeist haben.« Ich gehe noch einen Schritt weiter und möchte mit meinem Buch – in Wort-Bildern – das Leben des Literaten von Liliencron mit meinen Gedanken Schutzgeist sein, um der Nachwelt, nicht durch die Gräuel von Krieg, Macht und Gier und der Nachlässigkeit, seine Gedichte, seine Cantussen, sein Lieben und Leiden erdrückt zu wissen.

(1877) Rückkehr nach Deutschland. Für kurze Zeit dann Aufenthalt in Hamburg. Liliencron, die Not, Geld zu verdienen, wuchs, also bewarb er sich bei Agenturen um Verdienstmöglichkeiten bei Versicherungen, Eisenbahngesellschaften usw.: »Die Armut ist für unsere Stände Schande und ekle Beschimpfung, die Millionen, die vielen hundert Millionen, die in Armut u. Elend geboren sind, sie fühlen diese Schmach nicht ...« So und ähnlich ist sein Rufen, um irgendwo ein positives Echo, sprich Gelderwerb, zu erfahren. Auch sein Schreiben litt erheblich unter diesen Geldbedürfnissen.

1877/82 auf dem Landratsamt, Ausbildung in Eckernförde. Am 8. Oktober 1878 heiratete er dann doch seine Helene von Bodenhausen, und damit erreichte er die wiederbewilligte Militärpension.

34 Taler und 10 Silbergroschen. Jetzt kamen allerdings die Sorgen um Frau und Familie dazu. Ausbildung im Staatsdienst, um danach 1882/83 Hardesvogt auf Pellworm und Kirchspielvogt in Kellinghusen zu werden – 1883/85.

Die Kellinghusener und Pellwormer Zeit bescherte Liliencron die größte Not. So schreibt er an Seckendorf: »Pfändung, wenn auch nur vorläufig 100 Mark, binnen 24 Stunden.« Seiner Frau fiel diese Benachrichtigung in die Hände – »… da trat jene ganz große Aufopferung hervor … denn es ist wahrhaftig kein Spaß für eine junge, eben erst verheiratete Frau, von ihren Sachen hergeben zu müssen. So geht es nun Tag für Tag!« Die Hochzeitsvase wurde ins Pfandhaus getragen und damit auch dem Schmerz Tür und Tor geöffnet. Da er aus finanzieller Not die Zahlungsbescheide nicht tilgen konnte, vollzog sich die Pfändung des Ruhegeldes. Die Laufbahn eines Gendarmerieoffiziers war aus finanziellen Gründen nicht möglich und der konsularische Dienst war nur Ledigen vorbehalten.

Eine Rettung schien sich anzubahnen, als er am 1. Oktober 1879 für den Verwaltungsdienst nach Eckernförde in den Verwaltungsdienst »in einem Nest von Schleswig«, so seine Worte, berufen wurde.

Im Jahre 1880 wurden einige seiner literarischen Arbeiten in Zeitschriften gedruckt. »Ich kämpfe eben ruhig weiter, ziemlich allein und ohne viel Unterstützung. Ich denke, schon in diesem Sommer meinen ersten Band Gedichte und Novellen herauszugeben.

In BORBYER Sonderdrucken gelangten dann seine Werke in den Umlauf. Optimismus und Rückschläge gaben sich die Hände, bis er endlich hoffnungsreich andere Töne in Briefen anklingen ließ.

»Jetzt endlich hoffe ich, bald so weit zu sein, dass ich das Feuer meines eigenen Herdes sehe.«

Drei Monate vertretender Hardesvogt in Flensburg – Versetzung nach Plön, Nov. 1881. Die Gedichte und Balladen um 1885, das fertiggestellte Drama KNUT DER HERR seinem Publikum vorstellen zu dürfen, das beflügelte ihn.

Vorher beschlossen aber seine vorgesetzten Dienststellen, ihm einen Posten – 1. März 1882 einen eigenständigen, auf Pellworm, einer der kleinsten Bezirke Preußens, anzutragen! Seine chaotischen Verhältnisse wollte er, »Königlicher Hardesvogt und Strandhauptmann von Pellworm und den Halligen«, mit seinem Dienst in den Griff bekommen.

Sein Leben und seinen Dienst dort betitel er als »Schlafdunichtein, Schafschafschaf und Schmeerhorn«, so die poetischen Namen seines Amtes. Den Berufsalltag beschreibt er dann anrührig in seinem Gedicht:

Aus meinem Fenster
Aus meinem Fenster seh ich
Eine Mühle, die stille steht,
Einige Werften mit Kathen
ohne Baum und Garten,

Dahinter die freie Linie des Deichs,
Und dann graue Wolken des Himmelreichs.

Um mich liegen Akten und Schwarten.
Im Vorzimmer die Bauern warten,
Hans Paulsen und Paul Hansen.
Paul Hansen hat seine Nachtmütze
Auf die Hecke von Hans Paulsen gehängt.

Und der Amtsbote kommt mit
Einem italienischen Drehorgelmann,
Der keinen Gewerbeschein hat.
Der arme Teufel verdiente
Einen Orden, daß er so hoch hier
In den Norden sich hineinwagt.

Der Sekretär kommt mit den
Unterschriftensachen. Langweilig,
Ach, und nun knisterts wieder im Ofen.
Und immer seh ich die öde Landschaft
Vor mir, die im Winterschlaf liegt.

Die ganze tiefe Einsamkeit, wenn das Meer die Halligen um-
spült, umtobt, kann sich ein Außenstehender kaum vorstellen,
der nicht einmal dort, vor Ort war.

Trutz, Blanke Hans (Liliencron), 1. Strophe:

Heut bin ich über Runghold gefahren.
Die Stadt ging unter vor fünfhundert Jahren.
Noch schlagen die Wellen da wild und empört,
Wie damals, als sie die Marschen zerstört.
Die Maschine des Dampfers schütterte, stöhnte,
Aus den Wassern rief es unheimlich und höhnte
Trutz, Blanke Hans.

9. Strophe
Ein einziger Schrei – die Stadt ist versunken,
Und Hunderttausende sind ertrunken.
Wo gestern noch Lärm und lustiger Tisch,
Schwamm andern Tags der stumme Fisch.
Heut bin ich über Runghold gefahren.
Die Stadt ging unter vor fünfhundert Jahren,
Trutz, Blanke Hans.

Am 16. Januar 1362 ging Runghold unter!

Anders drückt das folgende, auf Niederdeutsch hinterlassene Gedankenelend die ganze tiefe Beklommenheit aus, die Liliencron in dem Moment des Niederschreibens vor Augen hatte.

Up de eensame Hallig

Min Man ist weg
De See geit holl,
Min Kind is krank,
Keen Minsch to Hülp.
　Ich bün alleen.

De Mann is dor,
Dat Kind ist dod,
Nu ligt in't Huus
De kranke Frau.
　Se sünd alleen.

Keen Dokter neech
Keen Minsch to Hülp.
De lütte Frau
Is bi ehr Kind,
　He is alleen!

Heute regelt ein Hubschraubernotdienst diese Angelegenheiten: Krankheit, Geburten, Seenot, alles von Husum aus.

Zweimaliger Besuch seiner Frau auf Pellworm, das war nicht gerade das, was eine junge aufblühende Liebe wachhalten sollte. So bewarb er sich dann alsbald um eine Stellung auf dem Festlande, die dann auch am 3. Oktober 1883 im örtlichen Journale bekannt gegeben wurde. »Kirchspielvogt in Kellinghusen«, so sein neuer Titel in einer langen Reihe von

Versuchen, dem eigentlichen Sinnen, dem Schreiben, nahe zu sein.

1872 lebte er einige Monate hier. Sein Band »Adjutantenritte« erschien dort, und die 79 Gedichte, sie waren Beginn der Gedanken, irgendwann als freier Schriftsteller arbeiten zu können. Durch die tiefe Leere zwischen den Eheleuten ging ein Riss, und Helene zog zu ihrer Mutter.

So wohnte er anfangs im »Hotel Stadt Hamburg«, zog dann in die Neue Straße: Büro und Kirchspielvogtei! Helene reichte die Scheidung ein, die dann am 7. April 1885 vollzogen war.

Kaum dort angekommen, sehnte er sich, so in einem Brief einer Leserin nach Hamburg, das in einer guten Eisenbahnstunde zu erreichen wäre: Theater und Concerte besuchen und sich den Genuß der großen Stadt erfreuen …

Herren-Karpfenschmaus, Kostümfeste, Kaffee-Bälle …: in der Novelle »Die Mergelgrube« fand sich dieses Treiben wieder. Liebevollen Sticheleien folgten Tänzchen, Kränzchen, Bällchen usw.

Klaus Groth rezensierte im heimischen Journale am 2.11.1883 das gerade erschienene Buch Liliencrons mit folgenden Worten: »Ein Dichter, der Land und Leute kennt, Wald und Haide liebt …« usw. Es war ein Lob, das Liliencron guttat.

Im Frühling 1884 brachte Liliencron, vom Hamburg-Besuch zurück, eine Frau mit nach Kellinghusen: Haushälterin? Sie, erst siebzehn Lenze alt: Auguste Brandt, die dann die zweite Frau des Dichters werden sollte.

Im Roman DER MÄCEN werden Andeutungen auszumachen sein. Die Schlacht bei Stellau erschien dann im Dez. des Jahres unter Pseudonym.

Er selbst bezeichnete sich als Polizist, Düngerhaufeninspektor und Dichter usw.!

»Oh Dichter, Dichter, welch ein beneidenswertes Leben führt gegen dich dann ein gutdotierter Ziegenmelker oder Wagenschmierer.«

Diese Stellen in seinem Leben, die sind es, die mich an meine

Lehrjahre denken lassen, die teilweise schlimmer waren, als im Ziegenstall das Melken, das Stallausmisten usw. zu erlernen. An dieser Stelle sehe ich mit Wehmut auf mein Leben zurück, das alles andere war als Zuckerschlecken, nur um am Ende über das Einfache und das Wichtigste auf der Welt zu schreiben: den Menschen! Meine Klagen sind im Grunde ähnlich, nur sind sie aus einem 51-jährigen Arbeitsleben mit all den ersparten Studiengeldern aufgebaut worden, so dass ich niemandem zum Munde reden musste und heute muss!

Aber das ist nicht mein Thema, wenn ich an die Lyrik Liliencrons denke.

»Hungerwehrdichvilla« – solche Betitelungen fanden auch einst bei mir statt, aber diese Titelungen gingen in die Kriegsjahre zurück, als Hamburg in Schutt und Asche lag und wir Kinder froh waren, ein kleines Stückchen Maisbrot zu ergattern.

So verfolgten Liliencron teilweise selbstverschuldete Finanznöte, die aus immer weiterem Borgen, Borgen in schier unausweichliche Tiefen fielen. Sein Abschied aus dem bürgerlichen Erwerbsleben bedeutete zugleich Aufgabe seiner geregelten Dienstbezüge. Schulden? 5000 Mark? »Ich schwimme schon auf 7000 Meter Tiefe im Ocean.« So kam es denn dazu, dass die Deutsche Schiller Gedächtnis Stiftung ihn mit einer Geldzahlung unterstützte. 300 Mark Schillerstiftung!

Liliencron war für seine Leser im Großen und Ganzen Lyriker, trotz früher literarischer Prosatexte. Die Idee zu einem Roman soll angeblich von seinem Verleger Wilhelm Friedrich stammen. Sein Angebot einer Vorauszahlung von 400 Mark, so kam es zu seinem Romaneinstieg:
»BREIDE HUMMELSBÜTTEL«.

Anfang Januar 1887 war es dann so weit. Und daraus spricht mich eine Passion an, die er, Liliencron, sich wohl immer wünschte, aber durch seinen Lebenswandel nie selbst erreichen konnte.
»Der Dichter, wenn ich ihn mir richtig vorstelle, muß frei sein: frei sein zuerst von Brotsorgen (hat er solche, so soll er sich sofort aufhängen), dann aber auch in jeder anderen Beziehung. Vor allem darf er nicht durch ein Geschäft, durch ein Amt behindert sein. Der Dichter, ist er ein wirklicher, schreibt einzig

allein für sich, nur zu seiner Freude. Das klingt selbstsüchtig im höchsten Grade. Meinetwegen, aber ich bleibe dabei.«

Diese Gedanken habe ich – für mich – stets mein Leben lang eingehalten, um in dieser Gemütsverfassung nicht abhängig von Geldgebern etc. zu werden.

Warum er, Liliencron, diese Auffassung in seinem Erstlingswerk, als Erkenntnis, niederschreibt und nie danach gehandelt hat, das macht ihn (in diesem Punkte) unglaubwürdig: Oder er sah sich immer als Baron, Adeligen, dem man diese Freiheiten geben muss, damit er nach diesem Wortlaut – von ihm gegeben – frei von diesen Brotsorgen leben kann: als freier Schriftsteller, der, zu dem er sich ja selbst bekannt hatte.

Viele Künstler denken in diese Richtung und meinen, alle anderen sind für diese Misere des Broterwerbs zuständig, nur nicht sie selbst, und setzen sich oft über das einfache Volk hinweg, wie z. B. einst Heinrich Heine, der in Hamburg bei seinem Onkel Salomon Heine die kaufmännische Lehre nicht bestand, Hamburg verließ, er fiel durch die Prüfung, und alle anderen waren schuld. Hamburg, Stadt der Pfeffersäcke, Konsum etc., so und ähnlich machte er all die anderen für seine Misere verantwortlich. Und trotzdem hielt er die Hand auf, um die Unterstützung von seinem Onkel einzufordern.

Dann wird von Uni zu Uni gereist, bis sie irgendwann im großen Haufen Juristen werden. Recht, welch eigenartige Vorstellungen fordern manche Künstler ein?

Doch zurück zu Liliencron.
»Ich schreibe nur, wenn ich mich dazu aufgelegt fühle, und wenn ich 100 Jahre warten sollte. Nur so wird etwas:
… Jetzt war er endlich dort angelangt, wo sich Theorie und Praxis an die Hand nehmen, um das, was man wirklich zu sagen hat, aufzuschreiben.
Auch Krankheit spielt oft eine große Rolle in jedem Menschenleben, Literaten nicht ausgeschlossen. So traf es in diesem Jahr 1887 Liliencron schwer. Er musste sich ins Hospital begeben, um seiner Knochenentzündung (so die Tageszeitung)

Herr zu werden. Seine rasenden Schmerzen, so er selbst, machten diesen Eingriff unumgänglich. Dr. Neuber in Kiel, ein erfahrener Chirurg, führte die Operation durch. Zur Sorge um die Gesundheit traten wieder finanzielle Engpässe auf, denn die mehrwöchigen Klinikaufenthalte mussten beglichen werden.

Aber am 2. November 1887 heiratete Liliencron in Kellinghusen seine Augusta Brandt. Sie wurde Krankenpflegerin, Haushälterin, Sekretärin, Seelsorgerin, um die anfallenden Alltäglichkeiten zu bewerkstelligen.

Jetzt, 1888, schreibt er an Nöthing die Erkenntnis auf, die als Folgerung aus dem vorliegenden Text aus »Breide Hummelsbüttel« schon vorher hätte fällig sein müssen, um vorher diese finanzielle Misere in den Griff zu bekommen.
»... Es kommt mir vor, als wenn ich erst im 40. Lebensjahr geboren bin. Bis dahin war Alles göttlicher Leichtsinn; keine Spur von Nachdenken.«

Dann kommt wieder immer häufiger das Wort: »Ein Dichter muß frei sein!« Über dieses »Frei« kann man reden, bis man an dem Punkte angelangt ist, den ich mir erkämpft habe. Reines, tiefes Freisein ist immer gebunden, und sei es ans Freisein. Also bin ich gebunden? Und daran kranken alle Freidenker, sogenannte Freidenker, denn sie wollen noch freier werden, bis sie endlich in einem Käfig aufwachen, in dem sie so endlos gefangen: frei sind!

Der Brotwagen (Liliencron)

(1)
In der tüchtigen Stadt Schmierfetten
Ist es eine alte Sitte
Daß die Reichen Gaben schenken
In der heiligen Jesusnacht.
(3)
Und auch diesmal fährt der Wagen,
Ladet ab vor dunklen Türen,
Ladet ab vor finstren Fenstern,
Wo das Elend ist zu Haus.
(7)
Unterdessen hat der Dichter
Alle seine Schreibereien
Aufgetürmt als Scheiterhaufen
Und verbrennt den ganzen Kram.

(8/2) Und er schlendert durch die Gassen,
(9/2) Immer schneller wird sein Wandern.
Eine Tanne scheint ihm günstig
(10/2) Und die Schlinge wird gewunden.
(10/3) Rasch vorüber ist die Qual.
(11/3) Laßt ihn dort vergessen baumeln,
(11/4) Deutscher Dichter war der Tor.

Sind es nicht manches Mal auch Almosen, die wir, vom Musenkuss beseelter Menschen, die wir der Menschheit großmütig vor die Tür werfen sollten, um die im Unverstandensein der Verzweiflung, die sich aufhängen möchten, damit zu helfen? Erkennen wir sie? Sollten wir nicht dort, an diesen Türen, nicht auch manches Mal Brot und Holz abgeben, den Hunger zu stillen, den Leib zu wärmen? Not ist oft auch selbst verschuldet und man fühlt sich hinter »dunklen Türen und finstren Fenstern«! Oft ist es nicht Brot oder Holz, die Seele zu erwärmen, sondern ein Almosen, ein liebes Wort zur rechten Zeit oder ein Aufrütteln, um sie in die Zeit zurückzuführen, selbst den Brotwagen zu fahren …!

An diese Gedanken z. B. entwickelt sich ein FREI-SEIN ganz eigenartiger, bis dahin ungekannter Freiheit, die mit dem Worte frei im Grunde gar nichts zu tun hat. Sehen Sie, schon bin ich, ohne daran zu denken, bei Ernst Cassirer und seinem Werk »Zur Metaphysik der symbolischen Formen«. In diesem Brotwagen-Gedicht ist eine so tiefe Symbolik über frei und unfrei, dass ein Menschenleben nicht ausreicht, den tieferen Sinn seiner Zeit zu erfassen.

Blaues Blut allein macht die dunklen Fenster nicht – alleine – frei oder heller. Andere Fenster und Türen öffneten sich scheinbar für ihn!

In München lebten, zu damaliger Zeit, viele Schriftsteller, also keimte in Liliencron die Hoffnung, dorthin zu übersiedeln. Anfang Februar 1890 war es dann so weit. Aufenthalte in München1890/91. Der erneute Fortgang nach München kündigte aber auch eine dauerhafte Trennung von Augusta an. Er führte bis Ende Januar 1891 – gefördert von neuen und alten Freunden – seine heißgeliebte »freie« Existenz. Aber seine Liebe zum Norden blieb. Im Gedicht »Der Haidegänger« z. B.: Seine Worte werden zum Wehklagen heimatlicher Sehnsüchte.

»Lebte einsam mitten im Haideland – zehn Jahre war ich gefangen, verbannt ...« Die Sehnsucht nimmt Folgen an, die diese Worte übersteigern. »... Doch abends, wenn's ruhig wird, fällt mir ein ... Ich möchte auf meiner Haide sein.« Die Folgezeit 1891 bescherte Liliencron ein Treffen mit Augusta. Er traf eine kränkelnde, kümmerliche Frau. Die Trennung war nicht mehr zu überwinden, und so geschah, was geschehen musste: die endgültige Scheidung 1892. Er dagegen ließ sich in Ottensen bei Hamburg nieder. Von hier aus knüpfte Liliencron literarische Bande zu Gustav Falke und Richard Dehmel, zu dem ich später noch näher eingehen möchte.

1891 wurde in Gemeinschaft mit den Schriftstellern Otto Ernst und Julius Löwenberg eine »Literarische Gesellschaft« ins Leben gerufen. Leseabende und Vorstellung jüngerer, neuerer Literatur. 1892 zog Liliencron in die Altonaer Prachtstraße: die Palmaille Nr. 5. Über Abdruckrechte flossen nun die 4000 Mark, so Liliencron in einem Brief, womit wieder ein Loch der Finanzkrise ein wenig abgedichtet werden konnte.

1896 erschien POGGFRED auf 12 Cantussen.
1904 gefolgt von der erweiterten Fassung auf 24 Cantussen.
Aus dem ersten Cantus:
»Und nähm die Ewigkeit den Gänsekiel:
Sie kann nicht e i n e s Menschen Stunde schreiben.
Sie sähe nichts von seinem Kampf und Spiel
Und sähe sie durch alle Fensterscheiben.«

Weiter an anderer Stelle.
»Nicht allen ist die Auszeichnung verliehen,
Doch alle waren gleich beherzt beim Morden.
(...)
Mit Blut bespritzt, nicht etwa für Gedichte.

70

Warum auch? Das ist keine Weltgeschichte.
(...)
Für einen Dichter, doch ich schweige lieber,
Sonst käm ich gar in den Verdacht – halt:
(...)«
Mit ein paar Sätzen möchte ich auf dieses Wort CANTUS
eingehen. Gesang, Melodie, die vorzugsweise melodieführende
Stimme: Cantus auf lateinisch und italienisch Canto, so steht
es in den Nachschlagewerken. Hauptstimme, auch Volkslied,
so gebrauchte Liliencron im übertragenen Sinne (für meine Be-
griffe) dieses Wort z. B. für einen Achtzeiler, den ich an dieser
Stelle folgen lasse. Poggfred: Froschfriede! Wollte er mit dem
Plattdeutschen aufmerksam machen, dass er Volkes Stimme
sein möchte? Ein langes Volkslied – als Vorspann zu seinem
autobiografischen Roman »Leben und Lüge«?

»Wär ich Dir, Friedrich Nietzsche, nah gewesen
In deiner fürchterlichen Einsamkeit:
Ich wär des großen Königs Narr gewesen.
Dich hätte mein Humor befreit;
Es wär ein Freund zur Seite dir gewesen,
Ein Freund, demütig deiner Weltweisheit.
    Ich hätte wettgemacht als Zeltkumpan,
    Was Unverstand und Bosheit dir getan.

Zum Stern wird oben nun das Zimmerlicht,
Zu einem Stern, der stürmisch lebt und loht
Und aus der Dunkelheit ins Dunkel bricht.
Und andre Sterne, grün und weiß und rot,
Vasallen, schimmern um ihn los und dicht
Von ihm entzündet, von der Welt bedroht.
    Leb wohl! Dein schöner Traum zieht durch die Nacht,
    Von treuer Schwesterliebe überwacht.«

Nach Liliencrons Aufenthalt in Weimar und dem Gespräch mit Nietzsches Schwester, die ihm für die Alt-Rahlstedter Wohnung Mietzuschuss aus dem Nachlass ihres Bruders zahlen wird, geht dabei unter, dass sie, die so genannte liebende Schwester, aus Profilierungssucht die Texte ihres Bruders fälschte, um nicht nur Profit zu machen, sondern sich auch mit fremden Federn zu schmücken. Sie schrieb um, verfälschte; sie schrieb eigene Gedanken in die Texte ihres Bruders ein, um anerkannt zu werden. Sie schaffte es sogar, bis zu Adolf Hitler vorzudringen, um das anzupreisen, das, was sie fälschte. Erst Prof. Montinari – ein Italiener mit einer deutschen Frau aus der DDR – hatte Zugang zum Nietzsche-Archiv in Weimar, um dann endlich die bereinigte Studienausgabe herauszugeben. »Friedrich Nietzsche. Sämtliche Werke. Kritische Studienausgabe in 15 Bänden. Herausgegeben von Giorgio Colli und Mazzino Montinari« im Dt. Taschenbuch Verlag!

Nietzsche, und das rechne ich ihm hoch an, er lebte von einer kleinen Rente, die er als außerordentlicher Professor für Altphilologie an Basels Universität bekam, nachdem er nach langer Krankheit seinen Abschied nehmen musste.

Er lebte in einer kleinen Hütte, dort in einem Zimmer, in Sils Maria in der Schweiz, bis ihn seine Krankheit ans Bett fesseln sollte. Freunde holten ihn heim.

Gehirnerweichung, Syphilis, all das sind ärztliche Prognosen, Krankheitsbilder, die letztendlich nie ganz geklärt wurden. Wenn ich aber einen Sechszeiler Nietzsches niederschreibe, dann liegt dort ein anderer Fundus zu Grunde.

»Ja, ich weiß, woher ich stamme.
Ungesättigt, gleich der Flamme,
Glühe und verzehr ich mich.
Licht wird alles, was ich fasse,
Kohle alles, was ich lasse.
Flamme bin ich sicherlich.«

Liliencron hatte zwar die literarische Absichtserklärung nie-
dergeschrieben, Zeltkumpan und des Königs Narr gewesen zu
sein, aber auch wenn sich Gegensätze anziehen sollen, kann ich
mir nicht vorstellen, hier eine Einheit sich vollziehen zu sehen.

Aber diese Untersuchung soll hier nicht meine Aufgabe sein,
und schon gar nicht an dieser Stelle.

1890 erschien die Prosasammlung »Der Mäcen«, dann »Der
Haidegänger und andere Gedichte«.
1893: »Neue Gedichte«
1895: »Kriegsnovellen«
1896: »Poggfred«
1900 dann bei Schuster und Loeffler die neunbändige »Ge-
samtausgabe«. An dieser Stelle, um 1900 kommen wir dem
Datum näher, das ihn 1901 nach Alt-Rahlstedt brachte und
an die Au, die Rahlau.
An dieser Stelle ein kleiner Einschub: ein kleines Gedicht von
Hermann Claudius, dem Urenkel des Wandsbeker Boten. Ge-
boren 1878! Er lebte in Hummelsbüttel in Hamburg.

Unsere Alster
Die Binnenalster um 1900

Am Jungfernstieg – ihr kennt den Ton,
als schmettere eine Fanfare
und fegte euch Gesicht und Haare:
Heia! Detlev von Liliencron!
Er saß im Alsterpavillion
mit lieben Freunden gut zu Gaste.
Und einen vollen Becher faßte
er fester nun und sagte: »Bon!
Ich liebe eure Alster sehr!
Und von der Quelle bis zur Elbe,
da bleibt sie immerhin dieselbe.
Ich grüße sie: À la bonne heure!«
»Ein echter Hamburger, der muß
jedwedes Jahr – eins gleich nach dem andern –
zu Fuß zur Alterquelle wandern,
ihr darzubieten seinen Gruß.«
Und lachend goß er seinen Wein
mit kühnem Schwung ins Alsterbecken
und tät sich gravitätisch recken
und schenkte lachend wieder ein.

Liliencrons Lesereisen führten ihn zwischenzeitlich bis nach
Prag. Ein schier wichtiges Ereignis war dann allerdings die
Begegnung mit der jungen Bauerntochter aus Kasenost bei It-
zehoe, die er dann am 1. März 1900 ehelichte.

Am 1. April 1901 konnte Liliencron dann mit seiner Familie in
Alt-Rahlstedt die Gemeinsamkeit genießen, den endgültigen
Platz gefunden zu haben, wo er ausruhen konnte, um neue Ge-
dichte, die »Bunte Beute«, ab 1903 herauszugeben. Zum Glück

setzte ihm Kaiser Wilhelm II. noch ein jährliches Ehrengehalt von 2000 Mark aus.

Durch kabarettistische Aufführungen wurden seine Texte einem größeren Publikumskreis unterbreitet. So rückte Liliencrons 60. Geburtstag heran: am 3. Juni 1904, damit verbunden viele Ehrungen, und die künstlerisch-literarische Anerkennung blieb nicht mehr aus. Dieser Tag, so die Presse vor Ort, sollte ein Festtag für Alt-Rahlstedt werden, bis hin zur Ehrendoktorwürde (zum 65. Geburtstag), die ihm die Universität Kiel verlieh.

Mit den überreichten Geldgaben konnten dann, so die Unterlagen, sämtlich noch ausstehende Zahlungsverpflichtungen erledigt werden. Außerdem konnte er miterleben, wie eine 15-bändige Gesamtausgabe seiner Werke dem Ende entgegenstrebte.

»Leben und Lüge« war für mich, was den Titel betrifft, bezeichnend für seinen letzten Roman. So wollte er leben, und von 1904 bis 1907 träumte er seinen Traum Tangbüttel im Schloß Tangstedt, hier sollte sein Leben, aufgerollt von Theorie und Praxis, umgesetzt werden: jedenfalls im Roman. In stiller Verklärung der Landschaft um die Alsterquelle konnten diese Wunschbilder ihm Wort-Tat werden.

So schrieb ich, A-W Beutel, folgende Zeilen, sitzend, am Alten Torhaus in Tangbüttel (heute abgerissen):

Gesichter
(1990)

Erloschene alternde Sterne.
Blütenstaub vorm Tore:
Mondgestirn.
In den Ecken,
die der Wind ganz rund
geblasen hat:
Liebeslieder
– *Liliencron.*

Atmendes Gebälk.
Blasse Stall-Laterne.
Jahrhunderte beben
Antlitze hervor.

Das Heute flieht durch das
Gemäuer: grenzenlos.
Die Zeit der Turmuhr:
Patina.

Zur linken Hand
im Altgemäuer:
Kerkerraum!
Torbogen angefüllt
mit schluchzenden Stimmen.
Gesichter! Sterne flüstern.
Von Ferne lächelt
– *Liliencron.*

Das Herrenhaus von Tangstedt war sein Schloß Tangbüttel. 1650 wurde es erbaut, und kriegsüberlebt wurde es 1947 ein Opfer der Flammen, durch Fremdarbeiter, aus Polen (so sagt man). Die Überheizung der Öfen, das ist allerdings Fakt. Man wollte das Torhaus und das Wirtschaftsgebäude erhalten. Unter Denkmalschutz gestellt, wurde es einen Tag vor der Übergabe an die Gemeinde durch einen Trick übelster Art an die Reiterei vor Ort verschachert.

So ist es mit dem Schutzgeist! Die Alte Buche, unter der Liliencron Rast machte, zwischen Tangstedt und Wilstedt, sie wurde gefällt. Zur Erinnerung an Liliencron wurde wieder eine neue gepflanzt, die dann am Tage der Entäußerung des Gutes prompt vertrocknete. Nach meinem Bericht beim Bürgermeister, verständnisloses Kopfschütteln. Man pflanzte einfach eine neue, und der Schutzgeist war gerettet. Es gibt noch die Liliencron-Apotheke, -Straße … usw.! Der Schutz alter ehrwürdiger Gebäude heißt nicht umsonst: »Denk-mal«, aber wer weiß das schon?

So sitze ich hier in Rahlstedt, schaue aus dem Fenster meines Elfenbeinturmes, 1. Stock im Tonndorfer Weg, und denke über die Gedenk-Tage nach. Eigentlich sollte man sich zu Lebzeiten um andere Gedanken machen, um sich selbst ein wenig besser verstehen zu können … Aber?

Gerade in Liliencrons Gedichten liegt so viel Zeitloses, das ich mir selbst in das Morgen und Über-Morgen hinüberretten möchte. Ich schreibe diese Zeilen, und ich habe das Gefühl, ER, Liliencron, säße neben mir und schreibt Zeile für Zeile mit.

Und da, an dieser Stelle, kehre ich in das Heute zurück und beginne die Zeit für sich sprechen zu lassen: die von damals und meine von heute, und bin mit Liliencron gemeinsam auf dem Wege angekommen, um ein wenig zu berichten.

Vor ca. 100 Jahren (1901) verschlug es Liliencron nach Alt-Rahlstedt (1901–1909). Ein Datum zur Erinnerung? Die Jahre vordem hatten wir das Goethe-, Bach- und das Nietzsche-Jahr. Im Jahre 2000 war Nietzsches 100. Todestag. Er war der Bruder jener Schwester, die Liliencron (in Rahlstedt) die Miete zahlte. Jene Schwester (Elisabeth Förster-Nietzsche), die das Werk ihres Bruders, wie schon erwähnt, teilweise umschrieb. Nietzsche schrieb: »Noch ein Jahrhundert Leser, und der Geist selbst wird stinken.«

Liliencron an Eduard Mörike:

»Weil du ein Dichter warst,
so hast du den Vorzug,
dass dich der Deutsche nicht kennt.
Grüße dein Volk aus der Gruft.«

Und spielend schrieb Liliencron von (über) Deutscher
Reimreinheit:
Feinslieb, ich steh in dem Gesträuche,
In des Mondes hellem Bereuche.
Komm herab und neige dich, neuche
Dich zu mir – oder soll ich dich finden …?«

Spielerisch setzt er sich in sprunghafter Ironie, fast liebenswert,
über Formen an sich hinweg.

Konfuzius sagte über die Vergänglichkeit der Sprache (Wörter) Folgendes: »In meiner Kindheit gab es die Sechseckenschale, die vom vielen Begreifen im Laufe der Jahrzehnte rund geworden war. Sie heißt aber immer noch die Sechseckenschale.«

Zwei Bäche fließen zusammen: Die *Rahlau* entstand. Die Stillau floss hinzu und aus drei Bächen wurde die Wandse. Ein Stückchen Erinnerung, ein Wort, ein Echo, das vom vielen Reden rund ward, heißt immer noch, weil's für irgendjemand *Heimat* bedeutet: Rahlau. Und das ist gut so.

Wo fängt Kultur an, wo hört sie auf? Alt-Griechenland? Die deutsche Sprache? Oder die Muttersprache, die uns formte? Fünf Uhr! Rahlstedt. Der Morgen lacht durch das Blätterdach einer Blutbuche mir ein seltsames Anhimmeln durch die große TV-Leinwand: Fensterscheibe. Die Blumenkästen, tauberäufelt, senden mit bunten Randnotizen unmissverständliche Kosungen herein. Der Bildschirm Natur, Rahlstedt pur erschleicht sich einen Namen: *Sehnsuch*t nach zuhaus!

Sehnsucht (Liliencron)

Ich ging den Weg entlang, der einsam lag,
Den stets allein ich gehe jeden Tag.
Die Haide schweigt, das Feld ist menschenleer;
Der Wind nur weht im Knickbusch um mich her,
Weit liegt vor mir die Straße ausgedehnt …«

Wie oft ging ich, zehn Jahre in Tangstedt lebend, von dort aus, wo Liliencron einst im Schlosshof zu Tangstedt seine Spaziergänge begann, seinen autobiografischen Roman »Leben und Lüge«, rauf und runter? Habe mir die Haideflächen vorgestellt,

80

die wie kleine Fleckchen an Grabenrändern als Gedichtsbruch-
stücke an Liliencron erinnern wollten.

So habe ich bei klarem Nachthimmel seinen Stern gesehen,
den Aldebaran, der, so Liliencron, rötlich schimmerte. So ha-
ben wir alle irgendwo unser Licht, dem wir folgen.

Das Torhaus, als Kulturgut, machte den Pferden und Hasen
Platz!

Doch weiter Liliencrons Worten folgend: »Doch meinen Schlössern fern und fern der Stadt, inmitten zwischen Wiesen, zwischen Hecken, fremd aller Welt und alles Lebens satt, spielt einsam unterm Blumenflor Verstecken. Ein schlichtes Häuschen, wie ein weißes Blatt, das keine Lästerzunge kann belecken. Sein Name ist POGGFRED. Denn Friede ist den Fröschen hier beschieden.«

Längst sind in diesem Ort all die Plätze »weiß«, unbeschrieben, und keine Lästerzunge treibt den Keil in seine Haide, die im Horizont gebrochen liegt.

»Die Deutschen nennen keine Dichter Künstler; Künstler sind Maler, Musiker, Athleten …!« Wenn nicht Kunst, dann ist mein kleines Lieblingsgedicht von Liliencron mehr noch als das Wörtchen Kunst. Es ist Hingabe zum Lichte der Natur insgesamt.

Blümeken (Liliencron)

Kleine Blüten, anspruchlose Blumen,
Waldrandschmuck und Wiesendurcheinander.
Rote, weiße, gelbe, blaue Blumen
Nahm ich im Vorbeigehn mit nach Hause.
Kamen alte, liebe Zeiten wieder:
Auf den Feldern wehten grüne Hälmchen,
Süß im Erlenbusche sang der Stieglitz,
Eine ganze Welt von Unschuld sang er
Mir und Dir …

Und schon stehe ich wieder an der Rahlau, sehe den Graureiher, den Zaunkönig höre ich trällern und schau beglückt in den Tag.

Damit nicht auch noch das Blümeken-Gedicht vertrocknet und die vielen wunderschönen Gedanken, die Liliencron uns Menschen – nicht nur den Rahlstedtern – hinterließ, darum fasse ich den Mut, an diese Gedanken anzuknüpfen, selbst ein wenig künstlerisch in Wort-Bildern an die Wirkungsstätte in Rahlstedt und seine Werke zu erinnern.

2003 war ich dreimal auf Pellworm. An drei verschiedenen Stellen machte ich Urlaub, dort, um mich ein wenig in Liliencrons Pellworm-Aufenthalte hineinzudenken, hineinzufühlen. Heute schützt die Insel ein Runddeich von 8 m Höhe. Man erzählte mir, wie wichtig der Deich für die Insulaner ist, da die gesamte Insel einen Meter unter Meeresspiegel liegt. Würde an irgendeiner Stelle der Deich brechen, dann würde Pellworm einfach vollllaufen. Schafe beweiden die Deichflächen, um durchs Äsen die Flächen frei zu halten, und durch die Hufe der Tiere soll die Erde festgetreten werden. Außerdem (so erfuhr ich weiter) sollen im Deich von Pellworm Lastkähne voll Trümmerschutt aus Hamburg liegen, aus der Zeit, als meine Vaterstadt in Schutt und Asche (II. Weltkrieg) unterging. So hat selbst dieser Rest der Welt noch einen Sinn ergeben, wenn auch, zuerst, artentfremdet …!

Weihnachten! Der Winter ist wirklich trostlos dort, und im Sommer, so weit man sehen kann, Schafe, Schafe, Schafe.

Wenn ich in dem Augenblick an den Abschluss seines Lied gewordenen Gedichtes »Die Musik kommt« denke und den Abschluss mir vor Augen halte: »… zog da ein bunter Schmetterling, tschingtsching, bum, um die Ecke?«, dann verstehe ich seine Unrast auf dieser mit anderen Schönheiten bestückten Insel. Nur jedes Auge sieht anders, jedes Herz fühlt einzeln im Sehen. Selbst die Zeit beeinflusst das Auge und das Herz.

Um jetzt nicht in irgendwelchen Ausuferungen zu landen, möchte ich an dieser Stelle, mit einem Gedicht, »Die Musik kommt«, begonnen, mit drei kleinen Gedichten enden: »Mein Leben mit Liliencron« abschließen, um nicht noch auf die Variante einzugehen, dass Liliencron sich mit der persischen Lyrik befasst hat, z. B. mit *Hafis* usw. …!

****

»Tiefeinsamkeit, es schlingt um deine Pforte
Die Erika das rote Band.
Von Menschen leer, was braucht es da noch Worte?
Sei mir gegrüßt, du einsam Land.«

»Mein täglicher Spaziergang«

Nur ein paar Birken, Einsamkeit und Leere.
Ein Sumpf, geheimnisvoll, ein Fleckchen Haide.
Der Kiebitz gibt mir im April die Ehre.
Im Winter Rabe, Rauch und Reifgeschmeide,
Und niemals Menschen, keine Grande Misère,
Nichts, nichts von unsrem ewigen Seelenleide.
Ich bin allein. Was einzig ich begehre?
Grast ihr für euch, und mir laßt meine Weide.

****

Durch die Haine, durch den Wald
Sind wir lustig fortgezogen.
Doch die Lieder sind verflogen
Und die Hörner sind verhallt.

****

84

Emil Staiger sagt: »Erst der Klang des dichterischen Wortes schenkt einem Gedanken die Tiefe, und das heißt doch wohl die Wahrheit der Seele, die unanfechtbar ist, indes der Geist dem Irrtum ausgesetzt bleibt!«

III

Ein paar mir bekannte Menschen

aus Kunst und Kultur

in Verbindung mit

Detlev von Liliencron

und zu Rahlstedt (auch Wahlstedt von Liliencron
genannt)

In Erinnerung …

… an dieser Stelle eins möchte ich Richard Dehmel setzen, der zur selbigen Zeit Wortgefährte war. Ihm möchte ich in einem längeren Bericht ebenso wie Liliencron ein wenig Schutzgeist sein, da mich seine lyrischen Naturbetrachtungen, gleichgesetzt, tiefst erfreuten.

Um all diesen betreffenden Personen gerecht werden zu können, müsste ich jedem Einzelnen ein ganzes Buch oder gar mehrere widmen, da jeder dieser – hier – von mir erwähnten Künstler irgendwo diesen Schutzgeist (von Brockes heraufgeschworen) von mir zugestanden bekommen sollte.

Erinnerung an Goethe? Das machen viele! Aber z. B. unsere Kinderbuchautorin Margarethe DEINET (1893–1995), die unter dem Pseudonym M. Haller, seit 1943 in Rahlstedt lebend, 29 Jugendbücher schrieb, die eine Auflage (so die Unterlagen) von 7 Millionen erreichten. Sie lebte nach dem Kriege in Rahlstedt, zuerst in der Bahnhofstraße, dann in der Schweriner Straße. Dort eröffnete sie ihre neue Buchhandlung, nachdem die andere durch den Krieg zerstört wurde. Diese führte sie bis 1967, bis dann Ehepaar Elna und Peter Blänsdorf im Rahlstedt-Center das Geschäft übernahmen.

Sie erlernte die Blindenschrift, um für Blinde schreiben zu können, und erreichte bei geistiger Frische ein Alter von 102 Jahren.

»Gisel und Ursel auf großer Fahrt«, eins ihrer Werke, das ich erwähnen möchte, so wie alle anderen; sie haben ihren Schutzgeist im Archiv des Rahlstedter Bürgervereins.

Als kleiner Buttje, beim TSV Stellingen, trugen wir manche Fußballschlacht auf dem Gustav-Falke-Platz aus. Wer von uns machte sich damals Gedanken: »Wer war denn das?« Niemand fragte!

Und heute? Bei näherer Betrachtung von Liliencrons Leben, da taucht einige Male dieser Name auf. Ein in Lübeck Geborener, der von seinem Stiefvater in eine kleine Buchhandlung nach Hamburg in den Neuen Wall geschickt wurde, um dort die Lehre als Buchhändler zu absolvieren. Als Gelegenheitslyriker stufte man ihn ein. Aber eines Tages stieß er auf Detlev von Liliencrons »Adjudantenritte«.

»Dieser Dichter riß mich hinein in seine Welt«, so seine Worte. Zwischenzeitlich hatte Liliencron Gustav Falkes »Gang durchs Fischerdörfchen« gelesen. Spontan reagierte Liliencron mit den Worten: »Poet, Sie! Das ist ein wunderschönes Gedicht!« Nach Liliencrons Übersiedlung 1891 nach Hamburg wuchs eine enge Freundschaft daraus heran. In seinem Gedichtband »Mijnheer der Tod« fand Falke dann seinen Ton. Zu seinem 50. Geburtstag bekam er vom Senat einen Ehrensold auf Lebenszeit. Am 8. Februar 1916 verstarb Gustav Falke und fand auf dem Ohlsdorfer Friedhof seine letzte Ruhe.

Friedrich Nietzsche schrieb einst: Suche dir deinen Meister, um ihn zu überwinden. Das sei dein Ziel. Auf der Suche war ich immer!

So las ich eines Tages: Theodor Storm (1817–1888), der in näherem Kontakt zu Liliencron stand, als er in Pellworm seiner Tätigkeit nachging. Husum, der Geburtsort Storms, lag in unmittelbarer Nähe und musste durchquert werden, um diese Insel zu erreichen. So zählte auch Liliencron zu Storms Freunden. Mich beeindruckte Storms Novelle »Immensee« und seine Naturlyrik.

Februar (Th. Storm)

Im Winde weh'n die Lindenzweige,
Von roten Knospen übersät;
Die Wiegen sind's, worin der Frühling
Die schlimme Winterzeit verträumt.

Und in »Über die Heide« klingen Töne an, die mir bei Liliencron nicht fremd waren. Nur das Wort Heide schrieb er mit ai.

…

»Wär' ich hier nur nicht gegangen im Mai!
Leben und Liebe, wie flog es vorbei.«

Und im »Spruch des Alters« kommt dieser Unterton der Erinnerung hervor, realistischer kann man diese Zeit wohl nicht anmahnen!

»Vergessen und Vergessenwerden!
Wer lange lebt auf Erden,
Der hat wohl diese beiden
zu lernen und zu leiden.«

An dieser Stelle ein Hinweis auf eine kleine Geschichte, Th. Storm betreffend am Ende meines Beitrages, die ich am Rande dieser Miniatur – Schutzgeist-Laudatio all den vielen Künstlern abgeben möchte.

Ein anderer Freund Liliencrons war der Tenor Willi Birrenkoven. Schlendere ich durch Rahlstedt, dann komme ich irgendwann in die »Birrenkovenallee«. Die Straße, die in den Annalen eine Raststätte der letzten Eiszeit gewesen sein soll. Geologen fanden Merkmal auf Merkmal heraus.

Wer aber war Birrenkoven? Am 4.10.1865 erblickte er das Licht der Welt. Er lebte hier in Rahlstedt von 1903–1912 und war Tenor!

Mit einer kaufmännischen Lehre begann sein Weg ins arbeitsreiche Leben. Als 17-Jähriger wurde sein Stimmvolumen nebst Qualität der Stimme von Fachleuten erkannt. Man schrieb das Jahr 1882.

Zwei Jahre später erhielt er ein vierjähriges Stipendium am Kölner Konservatorium. Es scheint im Grunde nicht verwunderlich, das Willi sich dem Gesang hingezogen fühlte, denn die ganze Familie war, so scheint es mir, von der MUSE der Musik geküsst gewesen.

Auch der Bruder Fritz (1868–1939) und sein zweiter Bruder Franz (1873–1961), sie waren alle Sänger und noch mehr: Sie waren alle DREI: Tenöre!

Willi Birrenkovens Auftritte am Hamburger Stadttheater, Münchner Staatsoper waren zarte Schritte in das Rampenlicht, seine Bretter des Lebens. Mit 23 dann sein Debüt am Stadttheater in Düsseldorf, dem heutigen Opernhaus. Bekannte Opernrollen folgten u. a. auch Wagner!

Das hatte zur Folge, dass er zwei Jahre darauf als Wagnersänger nach Köln berufen wurde. Sein Engagement lief bis 1893.

Dann folgte der nächste Lebensabschnitt: seine Vermählung 1892 mit Anna SLACH, eine Mozartsängerin. Zwei Kinder sollten ihnen das Glück bescheren. Der Sohn fiel dann allerdings im I. Weltkrieg.

Die Karriere Birrenkovens lief schier planmäßig weiter. Es folgte sein Debüt in »Die Meistersänger«: Lohengrin, Siegfried, Tristan und Tannhäuser. Wagner-Festspiele in Bayreuth 1894. Begegnung mit Cosima Wagner dort.

1899 wohnte er in Harvestehude. Er trat hier in Hamburg 1500-mal auf. Sein Honorar von 1901–1906 betrug 25.000 Goldmark. Er schwang sich hinauf zum unumstrittenen Tenor Deutschlands. 1903 starb seine Frau. Nach diesem Schicksalsschlag zog er von Harvestehude nach Oldenfelde. Um 1906 heiratete er seine 26-jährige Nancy Petersen. Zur Einweihung seines neuen Hauses 1908 gab er ein grandioses Gartenfest: mit Musik, Tanz und sogar mit einem Feuerwerk. Auf dem Teich, 1700 m² von der Rahlau gespeist, schwammen lampiongeschmückte Boote. Zu seinen Freunden gesellte sich auch der Dichter Liliencron.

Das Bochumer Stadttheater, die Leitung, die man ihm aufschwatzte, kostete ihn 50.000 Goldmark. Nach vielen Schicksalsschlägen und der Inflation 1923 bot man ihm die Führung des Restaurants im Altonaer Stadttheater an.

1937, mein Geburtsjahr, zog Willi Birrenkoven enttäuscht und vereinsamt mit seiner Nancy nach Hanstedt in die Nordheide.

1953 wäre noch zu erwähnen, dass zum 88. Geburtstag der Tenor Peter Anders ihn dort besuchte. Der Aufsichtsrat der HH-Staatsoper bewilligte ihm einen Ehrensold von 100 Mark, so wie anderen verdienstvollen Kammersängern auch.

Auch Willi Birrenkoven trat seine letzte Reise an. Am 8.3.1955 auf dem Ohlsdorfer Friedhof fand er dann auch, wie Gustav Falke, seine letzte Ruhe.

So sollte jeder Literat seinen Schutzgeist haben, auch in der Malerei ... und am Beispiel W. Birrenkovens auch die Musik. Seine Grammofonaufnahmen 1904–1907 erinnern an sein Schaffen und Wirken. Über Schumanns Wanderlied, Othello, Tannhäuser, der Evangelimann (Selig sind, die Verfolgung leiden) zu Rienzi, Tiefland ... selbst zu Verdi, den ich persönlich liebe, fand er Zugang in Traviata und Rigoletto.

So streife ich durch das Alte Rahlstedt, das längst zu Hamburg gehört, und könnte über die alten Bürgermeister bis zur heutigen Bürgermeisterin, Frau Gudrun Moritz, berichten, die seit 1994 dieses Amt bekleidet. Ab 2007 wurde dieses Amt aufgelöst. Sie alle hätten so einen Schutzgeist sicherlich verdient. Aber um beim Thema Liliencron zu bleiben gehe ich zeitlich zurück und bin bei Matthias Claudius (1740 in Reinfeld geboren – 1815), der als »Wandsbeker Bote« mit seinem Emblem »Wanderhut, Stock und Tasche« seinen Schutzgeist im Wappen Wandsbeks schon bekam. Zu erwähnen wäre für mich noch sein Urenkel Hermann Claudius (1878–1980), der in Langenfelde bei Altona, ganz in der Nähe meines Geburtsortes – heute Hamburg-Stellingen, Basselweg 25 –, das Licht der Welt erblickte. Durch zwei seiner Gedichte im Auftakt dieses Buches begeistere ich mich auch für seine Lyrik. Seinen Gedichtband »Töricht und weise«, den mein Vater im Erscheinungsjahr auf seiner Erstlesung 1968, am 27.10., mit Widmung erhielt. Und als seine Frau nach seinem Tod (er starb im 102. Lebensjahr) in einer Vorstellung seine Gedichte – als bester Schutzgeist zu bezeichnen – vortrug, habe ich in diesem Büchlein eine Widmung von seiner Witwe Gisela Claudius bekommen.

So könnte ich Seite auf Seite füllend durch Alt-Rahlstedt gehen und bis auf den heutigen Tag Namen all der Künstler aufzählen, von Literaten angefangen über Musik bis zu den Malern, die ich alle einschließen möchte.

Um am Ende dieser Aufzählungen einen der wichtigsten Künstler im Leben Liliencrons nicht zu vergessen, möchte ich mit einem längeren Bericht an Richard Dehmel erinnern, der mit seiner Rede am Grabe für seinen Freund Liliencron diesen Beitrag abschließt.

Richard Dehmel (1863–1920)
Im Zuge des Naturalismus und deren Gegenströmungen begann gegen Ende des 19. Jahrhunderts die zunehmende Technisierung; das hatte zur Folge, dass sich die Dichtung, ich möchte es so ausdrücken, eine moderne Form geben wollte. Modern und naturalistisch wurden gleichgesetzt, so sagte man im Allgemeinen, obwohl ja, zu jeder Zeit vorausschauend, man ins Moderne hineinschaut: Auch wenn es Rückschritt ist. Ausbeutung weiterer Bevölkerungsschichten schritten mit der Technisierung voran. Die Zeit des Imperialismus öffnete ihre Tore. Neue naturwissenschaftliche Erkenntnisse: Glasglühlicht z. B. 1885, brachten Veränderungen mit sich; Benz brachte den dreirädrigen Kraftwagen mit Benzinmotor zum Laufen, und 1886 wurde die Freiheitsstatue im Hafen von New York errichtet.

Zu dem Zeitpunkt hatte der Schriftsteller Richard Dehmel, geb. 18. Nov. 1863, bereits 1887 im April seine Promotion zum Dr. phil. an der Universität Leipzig erhalten.
Als Sohn eines Försters in der Mark Brandenburg geboren, nahm er nach seiner Promotion die Stelle als Sekretär einer Versicherungsgesellschaft an.

1889, am 4. Mai, heiratete er Paula Oppenheimer, um dann 1893 vom Berliner Norden nach Pankow umzuziehen.

1893, Anfang November, Flucht zu Liliencron nach Hamburg. Angeblich, so steht es in den Annalen: Nervenkrise!

Aus Briefen Dehmels an Liliencron erkennt man bald diese tiefe Bindung, die mir im Brief vom 4.10.1891 von Berlin an Liliencron sehr stark ins Auge fiel.

Er beginnt:

Lieber Edler.

Dank für den Ritterschlag! Ich meine: Wie der Knappe dankt, der sich selbst ja schon als Ritter fühlt, aber doch vor Freude aufglüht und erschauert, wenn er nun das Schwert der Gleichheit in die Hand empfängt; das Schwert der freien Herren! Und gar von einem Ordensmeister! Denn Sie waren der Erste, der mir ohne Wenn und Aber sagte: Du bist ein Dichter, schuldest nur Dir selbst Gehorsam. Ist es doch das schwerste – das Gesetz der eigenen Wahl …! Die Innigkeit, trotz des Sie, liegt offen ausgebreitet vor mir.

1895, nach ersten Gedichtveröffentlichungen, folgte in diesem Jahr sein erstes Drama: »Der Mitmensch«, und darauf in der Verlagsgesellschaft PAN seine »Lebensblätter«! In dem ereignisreichen Jahr auch die erste Begegnung mit Frau Konsul Ida Auerbach, geb. Coblenz. Schwere Konflikte sollten sich daraus ergeben. Schöpferisch, um ketzerisch zu urteilen, verhält sich Freud und Leid in tiefer Wechselbeziehung. 1896: »Weib und Welt« erscheint im selben Verlag, »Schuster und Loeffler«, wo auch Liliencron seine Arbeiten veröffentlichte.
Aus diesem Werk ergibt sich eine tiefe Auseinandersetzung mit der Kirche wegen religiöser und sittlicher Angriffe.
»Venus Consolatrix«, so der Titel.
»… und lächelnd ließ sie ihre Kleider fallen und dehnte sich in ihrer nackten Kraft … Bauchhaut, die Narben ihrer Mutterschaft in Linien, die verliefen wundersam bis tief ins schwarze Schleierhaar der Scham!«
Maria und der Name Magdalena eingemischt, das ergab damals, um die Jahrhundertwende, schon einen Aufstand, der nicht nur kirchliche Vertreter in helle Aufruhr versetzte.
Ich hoffe, dass nicht das alleine seinen Namen in Deutschland

bekannt machte, denn seine naturbetrachtende Lyrik, warum ich im eigentlichen Sinne, und der Verbindung zu Liliencron, von Dehmel berichten möchte, dass mehr diese Lyrik ihn bekannt machte. Bei mir war das der Fall. So z. B. sein Gedicht:

Sommerabend

Klar ruhn die Lüfte auf der weiten Flur;
Fern der See, das hohe Röhricht flimmert,
Im Schilf verglüht die letzte Sonnenspur,
Ein blasses Wölkchen rötet sich und schimmert.

Vom Wiesengrunde naht ein Glockenton,
Ein Duft von Tau entweicht der warmen Erde;
Im stillen Wald steht die Dämmerung schon,
Der Hirte sammelt seine satte Herde.

Im jungen Roggen rührt sich nicht ein Halm,
Die Glocke schweigt wie aus der Welt geschieden;
Nur noch die Grillen geigen ihren Psalm,
So sei doch froh, mein Herz, in all dem Frieden!

Ein besonderer Einfluss aus dieser Zeit kam aus Frankreich mit
Emile Zola, Guy de Maupassant, Balzac und Flaubert sowie
mit den russischen Schriftstellern Tolstoi, Dostojewski und
Turgenjew.

Sowohl die Klassik und die Romantik kreuzten mit neuen
Wörtern und Werten auf: (Neuklassik und Neuromantik). An
dieser Stelle möchte ich den Philosophen aus dieser Zeit nicht
vergessen, der auch in Beziehung zu Liliencron treten sollte:
Friedrich Nietzsche!

1901 treffen beide – Liliencron und Dehmel – in Hamburg
ein: der eine in Alt-Rahlstedt und der andere in Blankenese.
Mit dem »Denkzettel für den verehrten Leser« trifft er, Richard
Dehmel, den Zahn der Allgemeinheit tiefst:

»… das Lesen von Gedichten
ist zwar sehr einfach zu verrichten,
aber gerade die einfachen Sachen
pflegt bekanntlich der Mensch sich schwer zu machen.
Vor allem: such keinen ‚Grundgedanken'!
Sonst kommen deine Sinne ins Wanken.

...
Gedichte sind keine Abhandlungen;
meine Gedichte sind Seelenwanderungen.«

1887 erhielt er in Leipzig den Doktortitel mit einer Arbeit
über das Versicherungswesen. Bis 1895 war er Sekretär der
Deutschen Feuerversicherungsgesellschaften.

Durch die Erbschaft seiner ersten Frau ermöglichte er sich den
Sprung in die Freiheit. Die letzten 19 Jahre seines Lebens ver-
brachte er, abgesehen von einigen Reisen – zwischenzeitlich –
in Hamburg.

Die erste Ehe Dehmels erfüllte sich vor seiner Zeit in Ham-
burg. Im Jahre 1886, im Hause seines Freundes Oppenhei-
mer, las er einige Gedichte, als die 25-jährige Schwester seines
Freundes den Raum betrat. Liebe auf den ersten Blick soll es
gewesen sein. Drei Kinder gingen aus dieser Ehe hervor! Als
er dann später Ida Auerbach begegnete, verheiratet mit einem
Berliner Kaufmann, da war es abermals Liebe auf den ersten
Blick, und um seine Ehe war es geschehen. Nachdem dann
beide frei waren, verließen sie Berlin, heirateten und zogen
nach Blankenese. Am 8. Februar 1920 verstarb er in seinem
Blankeneser Haus. Die Urne mit der Asche der beiden steht
noch immer an dem Eckplatz in seinem Heim.

Viele seiner Gedichte sind heute, neben Liliencrons Lyrik, im-
mer noch Fundus seiner Lebensauffassung, seiner Gemütsbe-
wegungen.

Z. B.: Ermutigung (Dehmel)

Nimm dein Schicksal ganz als deines!
Hinter Sorge, Gram und Grauen
Wirst du dann ein ungemeines
Glück entdecken: Selbstvertrauen.

Oder:

Waldseligkeit

Der Wald beginnt zu rauschen,
Den Bäumen naht die Nacht,
Als ob sie selig lauschen,
Berühren sie sich sacht.

Und unter ihren Zweigen,
Da bin ich ganz allein,
Da bin ich ganz mein eigen,
Ganz nur dein.

Aus dem Drama in drei Akten von Dehmel (1913), »Die Menschenfreunde«, fallen mir Passagen auf, die wie Aphorismen sein Wesen untermauern. So z. B.:
   »Menschenfreunde sind wir wohl alle nur, soweit es unsere Selbstsucht zuläßt.«
   An anderer Stelle:
   »Gerechtigkeit will ich! Die Welt von deinesgleichen säubern; das ist m e i n e Art Menschenfreundlichkeit.«

»Es hat sich schon mancher die HAND verstaucht, der zu sehr auf die Gerechtigkeit pochte.«

Und als Abschluss eine ganz bezeichnende Aussage: »Also wir sind alle dazu verdammt, einander Böses zu tun im Kampf um das Gute.«

Seine Grabrede am 22. Juli 1909 für seinen Freund Liliencron soll Abschluss einiger kurzer Gedanken sein, die beide irgendwie – so verbinden.

»Liebe Freunde und Mitfühlende alle! Wir müssen nun Abschied nehmen von diesem Toten, dessen Leben uns unsäglich beglückt hat. Es würde nicht in seinem Geist sein, hier viele Worte darüber zu machen, was wir an ihm verloren haben. Es würde erst recht nicht in seinem Geist sein, hier unsern Schmerz in die Welt zu rufen und einander das Herz noch schwerer zu machen; wenn er jetzt unter uns treten könnte, er würde sagen: Kopf hoch Leute!«

In diesem Sinne beende ich auch meinen kleinen Ausflug in das Leben Richard Dehmels, um im Grunde beiden, Dehmel und Liliencron, ein wenig Schutzgeist zu sein, an ihr Werk zu erinnern.

Besuch einer Storm-Lesung, Pellworm, 27.12. 2003, in der Nordermühle.

Auf der Suche nach der Knospe, die die Frucht überlebt und selbst wieder Frucht werden kann. Es gibt Lebensbereiche, in denen man real ist: z. B. das tägliche Leben! Bereiche, die erfassbar sind, für jeden verständlich in Wort und Bild (Schrift). Dann gibt es Bereiche, besser Dimensionen, in die der einfache Mensch nicht gelangen will oder auch nicht kann. Die Faktoren sind verschiedenster Natur. Zur NS-Zeit gegen Hitler sein, das wäre so eine Situation, und sie wäre noch im einfachen Bereich anzutreffen. Palästinenser als Menschen anzuerkennen, das könnte man sich als Deutscher heute noch erlauben; aber Fakten, in denen Israel Unrecht ausübt, an jenem Volk, in dessen Land sie Einzug hielten, das wäre schon eine Dimension zu weit gegriffen. Und wenn man ihnen noch die Sintflut nehmen möchte, nicht als Existierendes, sondern als ein Ereignis, das von vielen Völkern erlebt, in den Mythen durch Erzählungen weitergegeben wurde und in den Keilschriften älteren Bestand haben, dann wird die Dimension für den einfachen Menschen schon unverständlich, gar anrüchig oder gar sündhaft.

Manches Gedicht beinhaltet Dimensionen, die weitgereist (durch Jahrzehnte) Wort und Bild wurden. In manchen kurzen Wortlauten liegen nicht nur vier Dimensionen, sondern noch eine ganz andere, eine übergeordnete, innerreligiöse Wortlosbetrachtung, die im Wesen keine Kirche, keinen Glauben zu scheuen braucht, da sie im Grunde Grundlage aller Religionen ist: das verinnerlichte Selbst!

Alle Mythen der Welt hatten ihre Sintflut. Die Christenheit nimmt dieses (diese) Ereignis(se) als n u r christlich an, dabei ist diese Geschichte die Geschichte der gesamten Menschheit und nicht Rechtsbestandteil der Bibel: allein.

Um in die Regionen des Gedichts, in seine Dimensionen aufzusteigen, dazu braucht es kein Studium an Universitäten. Das einzige Studium ist das Nacherleben der Sätze im tiefsten Inneren, und die Dimensionen öffnen sich von ganz alleine.

»Ja, aber, ich kann doch nicht das empfinden, was der Dichter empfindet«, kam der Einwand. Nein, sagte ich darauf, es wird immer etwas anderes sein, auch wenn ein Professor über die Verse eines anderen Poeten philosophiert. Und manches Mal kommen Dinge dabei heraus, die der Autor nicht in den Mund nahm oder in die Feder einfließen ließ.

Und da war ich wieder – gedanklich – in der Storm-Lesung. In der Schulzeit schmunzelte ich, als das Pferdegerippe (in der Stormnovelle »Der Schimmelreiter«) auf der Sandbank aufstand und grasend über das Ödland spazierte. Kein Pferd, kein Gras, nur Mondschein und diese Bilder. Als Jugendlicher schmunzelte ich darüber und dachte: »Der Dichter spinnt!« Das war bei mir eine ›sich über alles hinwegsetzende Dimension‹. Der Blick des Jünglings. Heute, selbst einige Bände mit Lyrik und philosophischen Betrachtungen abgeliefert, da tritt ein anderes Denken plötzlich in den Vordergrund.

Storm, so erfuhr ich an diesem Abend, hatte zu der Zeit, als er diese Novelle schrieb, Magenkrebs. Durch ein Komplott – Ehefrau und Arzt – versuchte man ihm, nach erneuter Scheinuntersuchung, einzubläuen, dass es doch nicht so schlimm um ihn stünde. »Es ist nur eine schlimme Magenverstimmung, die sich bald wieder legt.« So, oder ähnlich (so der Vortragende), hat sich das abgespielt.

War er, Storm, das Gerippe auf der Sandbank, der sich ins Leben zurückbegab und noch Gräser äsend (Novellen und Gedichte schreibend) über die trostlose Sanddüne trottete und nach Halmen suchte, an denen er sich festhalten könnte? Und den klapprigen Gaul, den er (Hauke) kaufte, ihn aufpäppelte, war das ein sich selbst einsuggerierendes Hilfsmittel, noch ei-

nen Deich zu bauen gegen diese fürchterliche Krankheit, die
ihn befallen hatte?

Der Deich bricht. Frau und Kind versinken in der Flut. Doch
sein Hof, das Licht in der Ferne, seine Werke, haben Bestand.
Frau und Kind: Das Leben, es verabschiedet sich im Strom der
Zeit; aber das Licht ist gesichert, das ist sein Trost. So schied
er dahin, um zu leben in einer anderen Dimension – in seinem
Werk.

Hier blicke ich bescheiden auf seine Novellen und Gedichte,
die ich mir auch nach Jahrzehnten wieder einmal vornehmen
möchte, ob irgendwo in einer Nische – vielleicht – versteckt
auch eine meiner Knospen, nach der Frucht, schlummern
könnte?
Mein D e i c h ist die Z e i t ...!

IV

Rahlstedt und die Namen-gebende AU

Die Rahl-AU, die Rahlstedt trennt und eint.

Sie, die HH und SH trennt und bindet,

bis sie am Ende ...

Wandse und später Eilbekkanal wird

und dann ... Elbe ..., ... M e e r !

Winterliche Au
Auf der Brücke zwischen Hamburg
und Schleswig-Holstein

Hier, kleine Au,
an dieser Stelle
könnte ich mich vergeben.

Gräser, zart gewellt
aus zartem Marzipan
– im späten Gelb –
schauen mich an.

Mein Atem, lusttrunken
– wolkengetätschelt –,
strömt hinaus
ins All.

In mir löst sich
das letzte Wort
aus meiner Feder
und wird Licht …

An dieser Stelle »Hier«
im Spiegelbild
der kleinen A u :
Liliencron!

HERBSTGEDANKEN an der A U

Rahlauer Uferwanderweg
Von meinem Fenster aus: Gleise voraus. Neben mir ein Busdepot. Und ringsumher Menschen, die in jedem Jahr etwas an ihren Häusern lärmend verbauen. Drei Jahre brauchte ich, um endlich meinen Weg durch dieses Labyrinth zu finden: der Rahlauer Uferwanderweg!

Hinein in einen Hohlweg. Die Straße Tonndorfer Weg verlassend. Erstes Grün! Behäbig der Bach. Ein Entenpaar. Ein paar Spatzen. Eine Katze mit Glöckchen. Ein kläffender Hund. Dann! Fabrikgelände. Das Dach aus Asbest. Ungefährlich für mich. Ein Wissenschaftler erklärte mir: »Erst nach 30 Jahren wird diese bestimmte Faser im Körper akut!« 60 + 30 = 90! Na gut, dachte ich, 91 wolltest du werden – geträumt. Ein Jahr ruhst du aus. Und die Jugend? Sie beschmiert die weißen Wände. Protest? Das, was dort zu sehen ist, ein Protest gegen sich selbst? N u r sie wissen es nicht!

Weiter über die Rahlau-Wandse-Brücke. An Pferden vorbei und am krächzenden Federvolk. Dann bin ich da: Der Rahlauer Uferweg. Ein wenig Moor. Meine Rahlau bis zum Liliencron-Denkmal hinauf. Auch dort Schmierereien. Denkmal im nahen Park. Auch der Kinderhort verschmiert, Farbe, die den Sinn des Protestes verliert.

Denkmäler scheinen überflüssig? Mag sein, aber wer wollte den Lebenden Achtung weihn? Die, die schmieren, werden immer Nachäffer bleiben: Masse, gekritzeltes »Allerlei« an irgendeiner Wand.

Habt ihr schon einmal den Eisvogel im schwirrenden Flug über meiner Rahlau gesehen? Ich ja! Den Zaunkönig, wie er keck sein Reich bewacht? Ich ja! Den Kiebitz, der im Frühling stolz zwischen den Pferden dahinstolziert? Das Rotkehlchen, und selbst der Sperling … Kreaturen im Reich der Morgensonne. Sie beglücken mich auf meinem Rundgang entlang am Rahlauer Uferwanderweg.

Wenn ihr diese Gedichte lest, ob alt oder jung, geht ein wenig mit, sucht EUREN Weg in dieser Umgebung. Und wenn euch die letzte Nacht z. B. erdrückte, steht auf und lasst den Augen und Sinnen freien Lauf: Glaubt mir, es gibt auch heute noch endlos viel zu entdecken.

Seid ihr bereit? Dann steigt ein in meinen Weg, der am Bahngleis beginnt und manchen Gedanken wach werden lässt. Wir lernen von der Natur sehr schnell, dass wir Teil sind: mehr nicht … aber auch nicht weniger! Seht her: ein Mensch!

Ihr kommt von der anderen Seite, mit der Rahlau vom Stadtkern her? Gut. Die Wilhelm-Grimm-Straße! Im Knick auch ein Kinderhort. Einfließend dort, sie, die man Stellau nennt. Am Fuße des Liliencron-Denkmals vorbei, einem toten Teich, der seinen Namen tragen soll. Er blickt auf diese toten Tropfen. Die Rahlau fließt vorbei, wie der heutige Geist an seine Lyrik: tot? Sein Denk-mal 1934 errichtet. Das Symbol der Musik (eine Harfe) ist mit einem Schwert durchstochen. Denk-mal! Denkanstoß, und das, was Notenlinien könnten sein, ist mir ein Eisentor: Gefängnis für die Zeit, die kommen sollte?

»… und dann die kleinen Mädchen, die kleinen Mädchen …« klingt es aus der Ferne an mein Ohr.

Altrahlstedter Kamp bis zum Neuen Tunnel, 1999 erbaut. Tonndorfer Weg. Wandseredder vorweg? Hier, bis zur Mitte Rahlstedts, bleibt der Gedanke haften, denn irgendwann, Eilbek durchfließend heißt er – sie auch nicht Wandse-Rahlau-Kanal.

Es gibt Dinge, dazu gehören auch Bachläufe, die sieht ein Poet anders. Und ich spreche sicherlich auch im Sinne Liliencrons und anderer Rahlstedter Persönlichkeiten … so wie Birrenkoven, der Wagnersänger, Heinrich Schulz als erster Bürgermeister von Rahlstedt, ebenso Margarethe Deinet, und viele andere heute noch lebende Mitbewohner Rahlstedts, die weiterhin ihre Au Rahlau nennen, die mich nunmehr seit 15 Jahren durch meine Wahl-Heimat Rahlstedt Tag für Tag begleitet.

Erkennen ist Sehen.
Wissen ist erlernt.
Sehen heißt Erkennen
durch die Seele.
Wissen ist der Schrift-
verkehr durch den Verstand.
Sehen und Wissen verbindet
Menschen: gemeinsam DAS
Sehen zu erlernen.

Der Rahlauer Uferwanderweg zeigt z. B. den Deutschen Pa-
radiesvogel: die Schwanzmeise. Sie, die im Frühling Flaum
sammelt, um ihr Nest zu bauen, so wie ich, der im Herbst
Wörter sammelt für das nächste Frühlingsfest, wie einst vor
100 JAHREN Liliencron an dieser A U ...!

»Rahlstedt heißt jetzt Wahlstedt«, schreibt Liliencron 1905 in
den Hamburger Nachrichten. »Die Kirche lag und liegt auf
einer von Menschenhand etwas erhöhten Insel der RAHLAU,
wenn auch diese Erhöhung nicht zu erkennen ist. Wer Ein-
samkeit und die schöne frische Landluft haben will, hier hat
er beides im Überfluß! Wir sehen hier Hasen, Rehe, Fasanen,
Rebhühner, und wir hören die Wilde Taube.«
    Professor Gripp von der Hamburger und Kieler Universi-
tät beschreibt in seiner »Geologischen Reise durch Stormarn«
den Zusammenfluss der Quellflüsse, indem sich beide zur
Rahlau vereinigen (Rahlstedter Jahrbuch 2000), hier nach-
zulesen. An anderer Stelle, so Frau Lutz weiter: »Und für die
Alteingesessenen (und auch einige Wahl-Rahlstedter im Sinne
Liliencrons), dass ihr Fluss im gesamten Gebiet Rahlstedts
RAHLAU heißt. Mit gewissem Nachdruck erklärt Frau Lutz
weiter: Ich bedauere sehr, das wir im Zuge der Eingemeindung
nach Groß-Hamburg schon viele Straßennamen heimatlichen

Ursprungs durch Umbenennung verloren haben. Deswegen lege ich besonderen Wert darauf, dass unser Fluß Rahlau heißt und nicht Wandse. Wir wohnen ja auch nicht in Wandstedt sondern in Rahlstedt.

Die Karte des Vermessungsamtes Wandsbek von 1930 bezeichnet die A U , die durch Rahlstedt fließt, als Rahlau. Ab 1934 wird dieser Teil als Wandse bezeichnet. Das zu dem kleinen Ausflug zum Thema Rahl-AU.

Im Liliencronpark angelangt, sprechen ein paar Gedichte das aus, was ich empfinde und was mich an der AU hier in Rahlstedt tagaus, tagein gefangen hält.

Die Verbindung zu Liliencron, in diesem Buch, mein Ziel, möchte ich durch folgenden Schritt nachvollziehen. Ich möchte meine innere, vertraute Bindung, wie im Teil III dieses Buches, »Mein Leben mit dem Dichter Liliencron«, auch im Äußeren Andenken verdeutlichen, um über »Wort und Bild« dem näherzukommen, was ich mit diesem Band ausdrücken möchte: ein stilles, inniges Erinnern an sein Werk.
Zu Grunde liegen mir folgende Liliencron-Werke, aus denen ich zitieren möchte.
Poggfred: Ein Epos in 29 Kantussen
Feldausgabe 1917
und
»Ausgewählte Gedichte«, 1907
Beide Werke Verlag »Schuster und Loeffler«

Meine folgenden Gedichte – 14 an der Zahl – bekommen aus den letztangegebenen Werken Liliencrons die erste und die letzte Strophe – meiner Gedichte – zugeordnet, um dem Leser klarzumachen, das ich nicht nur seine Werke gelesen habe, sondern so wie er teilweise durchlebt. Die restlichen von Nr. 14 an bis 34 sind lediglich – ganzheitlich – meine kleinen Werke, als Ergänzung, dass auch ich in Rahlstedt angekommen bin.

Also ist dieser kleine Versuch lediglich ein Experiment, dem Leser mitzuteilen, dass ich es ernst meine: ein wenig Schutz für SEIN Werk.

»Ein Buch, das leben soll, muss seinen Schutzgeist haben!« (Barthold Hinrich Brockes (1680–1747)

Nur ein Poet

»Und nähm die Ewigkeit den Gänsekiel:
Sie kann nicht eines Menschen Stunde schreiben.
Sie sähe nichts von seinem Kampf und Spiel,
Und sähe sie durch alle Fensterscheiben.«

ER weinte oft, wo ANDERE noch
lachten, und faltete die Hände dort,
wo im Gelächter irgendwo ein Mensch
verhöhnt, dem Spott der Masse
ausgeliefert war: Allein!

So ist ein Handwerk, Handwerk dem
POETEN, der aus der Nähe die Kollegen:
Menschen sah. Der Philosoph spricht
wahr und weise, bis die seine Wahrheit
aufgelöst wird: ZEIT – das Weise blieb
so lange, wie die Obrigkeit die Gleise
ins Verstehen oder Nichtverstehen trieb.

Und der Poet? Er schreibt vom Für und
Wider zwischen all den Zeilen
und wartet auf den Augenblick, bis er
erkannt. NUR – meist ist der Poet schon lange,
lange tot. Ein Zeichen färbt den Himmel rot.
Das war sein letztes Wort:
»Im Licht verbrannt!«

»Oh, da wird's eisig »objektiv« wird's da,
Der Springinsfeld setzt ruhiger den Fuß
Und ruft nicht mehr sein lustiges Hurra.
Trübsinnig hört er fernen Sängergruß.«

A) Poggfred   B) Poggfred

Im Liliencronpark (HH-Rahlstedt)

»Dies ist ein Epos mit und ohne Held,
Ihr könnts von vorne lesen und von hinten,
Auch aus der Mitte, wenn es euch gefällt.
Ja, wo ihr wollt, ich mache nirgends Finten.«

Der Park, ist eine Wiese nur, die
still mein Herz umschließt. Gedanken
reißen mich dem Flügel eines Habichts gleich
hoch hinauf ins Blau des Tages.

Unendlich tiefe Furchen des Gewesensein
zieh'n trunken in den Almanach der Glas-
menagerie. Tausend Lichter ziehen in den Abend:
Zauber eines Mondschreis, ungehört

zieht dieser Windhauch still umfriedet
in das Abendrot. Ich schweige, schweige,
um das Licht der Nacht zu sehen,
meine Wiese, die für alle Zeit

mein Herz umschloss: Gedanken-
verloren schaue ich hinauf: *»Lest*
nicht den Poggfred mit dem Lineal,
Verzehrt ihn nicht wie eine lange Möhre.

A) + B) aus Poggfred. Erster Kantus.

120

Kleine Au im Liliencronpark

»Es ist in frühster Sommermorgenstunde,
Vom Tage bröckelt weg das erste Stück,
Die Schwalbe schwang sich schon vom Balken ab,
Und letzter Traum, in Faschingszügen, gaukelt
Vorbei den Schläfern.«

Rahlstedt gabst Du Deinen Namen,
kleine Au am Rand der Zeit.
Mütter, Väter lieben diesen Rahmen,
der dem Umfeld Frieden weiht.

Bundesländer teilst Du, kleine Aue.
Still das große Rund, mein Herz verklärt.
Zärtlich ich die Niederung beschaue,
tiefster Reiz, der meine Wörter nährt.

Lass die Wandse – dort – durch Wandbek fließen.
Liliencron: Auch ich hab nichts dagegen.
Mögen an der Wandse Blümlein sprießen.
Doch durch Rahlstedt fließt der Rahlau Segen.

So beginnt die Rahlau-Abendschau.
Stadtteil Du, mit Deinem Angesicht,
beglücke Du mit Deinem Morgentau
mein Wort, mein Bild im »Blümeken«-Gedicht.

»Nun seit Jahren ordnen deine Hände
Perlenschnur und Rosen in den Haaren.
Wie viel schöner, junge Frau, doch schmückten
kleine Blumen dich, die einst pflückten
Ich und Du!«

A) Der Kranz, S. 168   B) Blümeken, S. 188

Parkträumereien

»*Ermattet ruhn der Hirt und seine Schafe,*
Die Ente träumt im Binsenkraut,
Die Ringelnatter sonnt in trägem Schlafe
Unregbar ihre Tigerhaut.«

Wolken! Grauumhüllte Horizonte.
Still die Spiegelfläche: Bach
den Kinderfuß umschließend
damals. Heute, Deine Flur.

Pompesel im letzten Braun
dem Herbstwasser zugeneiget.
Erlenhaingedanken rings verträumt
am Bach entlang spazieren.

Ein Blesshuhn reißt im Aufschrei
jähen Aufbruchs all die Stille
fort im Park. Zerrissen ist
der Widerschein des Himmels mir.

Wellenmatt die Wiese schaukelt
Blätter wedelnd in die Zeit.
Königlich am Bach die Brise
krönt das »Dichterstelldichein«.

Und im grünen Rund am Ufer
flimmert auf und nieder
jene schillernde bekannte Garnison
der mir geliebten Allzeit-Lieder.

»Klingling, Tschingtschin und Paukenkrach,
Noch aus der Ferne tönt es schwach,
ganz leise bumbumbumbum tsching;
zog da ein bunter Schmetterling,
Tschingtschin bum, um die Ecke!«

A) Haidebilder, S. 8   B) Die Musik kommt, S. 66

Kleiner Teich im Liliencronpark

»Doch meinen Schlössern fern und fern der Stadt,
Inmitten zwischen Wiesen, zwischen Hecken,
Fremd aller Welt und alles Lebens satt,
Spielt einsam unterm Blumenflor Verstecken!«

Der kleine See verzaubert mir
letzte Dämmerung, als ob
die Seele selbst hinausgeht
in das Spiegelbild der Zeit.

Der Teich, dem Widerschein ergeben –
ein Teichhuhn flattert auf,
das eben meditierend
dem Strom der Zeit entrinnen wollt.

Im Selbst verloren, mit mir eins:
der meinen Blick im Teich versinkt.
Im fernen Licht das Abendrot
erbittet aller Welt, das Brot

und Eis, bedeckt im Zagen meine Fragen:
Kleiner Teich, das ist des Lebens Lauf.
»Willkommen, Einsamkeit, du vornehm Land,
Wie sind mir deine Sterne wohlbekannt!«

A) Poggfred K.1   B) Poggfred K.1

Dieser Winter wird sehr, sehr lang

»Brauner dunkelt längst die Haide,
Blätter zittern durch die Luft.
Und es liegen Wald und Weide
Unbewegt im blauen Duft.«

Ruhe
ist eingekehrt
tiefste Ruhe.
In den Bäumen
wiegen sich die Blätter
des Lichtes:
Fingerzeig des Lebens.

Ich schwinge mich auf,
Blatt zu sein,
mehr nicht.
Noch
bin ich Knospe,
die den Frühling lang
von einer Blüte träumte.

Dieser Winter wird
sehr, sehr lang.

»Pfirsich an der Gartenmauer,
Kranich auf der Winterflucht.
Herbstes Freuden, Herbstes Trauer,
Welke Rosen, reife Frucht.«

+ B) Herbst (Ausgew. Gedichte)

126

Gräser

»*Geräte, Waffen, Purpur, Schmuck und Gold*
Sind vor des Atlas Stufen hingetragen.
Die Beute ist's. Der listige Würfel rollt.
Gierige Blicke, Jubel. Missbehagen.«

… einfach nur Gräser. Farben-
lichterfestival am Rande
einer Welt, die tötend durch
das Erdgeschehen – selbst – verliert.

Welch ein Wunder, aufgelöst die Wörter.
Welch ein Lied, gelöst die Bindung.
Welch ein Kosewort strömt durch die Dunkelheit,
welch ein Schrei!

Welch Kosmos dieses Licht, das
mich im Kosmos streifte. Ungeglüht
zerstückelt sich das Selbst: Gestalt.
Meine Angst, die Welt zu leben, nah

der Dunkelheit noch Dunkelheit.
Welch Almanach nimmt meine Wörter
in die Zeit mit auf, in der Erlösung
Ich zu sehn. Die Nacht hat sich dem Tage

hingegeben, um mich als Tag zu sehn.
Gräser, einfach nur Gräser,
Lebenseinklang einer Symphonie:
Welch ein Schrei!

»So steh ich oft in Träumen auf den Deichen;
Wie hab ich's oft in Wirklichkeit getan!
Und angenagte, angeschwemmte Leichen
Seh ich, und manchen umgeschlagenen Kahn.«

A) 1. Kantus, S. 10   B) S. 11

Der Regentropfen

»Die Hand, die zitternd in der meinen lag
Am Maientag, als weit die Amseln sangen,
Die heimlich mir, ein unbewusst' Verlangen,
Im Garten einst die frische Rose brach.«

Der Regentropfen,
der die Erde netzet, er
ist mein Gedankengang.

Die Wolke,
die den Äther himmelt, ist
mein wundersames Wort.

Vieles ist mir schon zu
Stein geworden: Kalt
ist meine Hand.

Regentropfen. Wörter binden ein
das Licht, den Keim am Stein,
Knospe nach der Frucht zu werden.

Wieder und wieder gehe ich hinaus.
»Vom Tage nur noch ein Rest.
Die letzten Krähen flogen
Nach fernen Wäldern zu Nest.«

A) Auf eine Hand, S. 71   *B) Zu spät, S. 87*

Wiesen atmen aus

»In dieses Lebens ewigen Kümmernissen
Weiß ich ein Schloss, Chateau d'amour genannt.
Von Rosen rings umsponnen und Narzissen.
Träumt dort ein einsam stilles Wunderland.«

Wiesen atmen aus
in weißen Fäden – Dich –,
Du Hauch der Erde,
Wahlheimat – Du.

Sie, die unsren Atem
sanft daneben in den
Reif des Morgens
eingehüllt: vertont.

Kalt. Gefroren
von dem Schauer
letzter Nacht, so
gebären sich im Morgenräkeln

kleine Diademe. Erste
Morgenröte tönt sich frei.
Gelöst umarmt der Himmel
mein Gesicht: Wiesen atmen aus.

»Die Osterblume blühte rings im Wald,
Und regenfeuchte, weiche Frühlingsluft
Spielt leise über grüne Wintersaat.
Am Heck des Holzes standen ich und du.«

A) Poggfred, S. 60   B) Böcklins Hirtenknabe, S. 179

130

Angelehnt an Linden

»Heute spaziert ich unter Linden,
Um Menschen zu sehn, Bekannte zu finden,
Und treffe auch die ganze Welt,
Als hätte sie sich hierherbestellt.«

Wie schön war damals meine Wiese,
als sie noch unbetreten, wortlos,
ohne Weg und Steg.

Eine Straße bricht den Zauber,
verblutet ist das Grün
mein unbetretner Weg.

Heute ist, wo damals Klee und Gänseblümchen
sich liebkosten, eine schnöde Parkplatz-
Utensilie für PKWs.

Wie schön war damals erster Abzählreim,
als Großmama auf Platt, nach harter Arbeit,
gar lieblich ihn für uns dort zelebrierte.

Nicht, dass ich die Zukunft nicht verstehe,
Nein ... nur das Wörtchen Mensch ging irgendwo
verloren, auf der Wiese zwischen meinem Klee!

»Geduld, Poet, und nicht gemuckst,
So heißt die Pille, die du schluckst.

Entsagung, in der Ecke stehn,
Von jedem Laffen falsch gesehn.«

A) Unter den Linden, S.175   B) Dichterlos in Kamtschatka,
S. 100

An der Alten Weide an der Rahlau

»Klanglos liegt der Weg,
Und die Bäume schweigen,
Und das Vogellied
schläft noch in den Zweigen.«

Vor einem Bachlauf zähle ich
Sekunden. Ein Bach läuft
langsam in die Zeit.

Ich zähl die Male, die ich hier
gesunden durfte, sie sind Teil
der Ewigkeit.

So addieren sich die Jahre,
ein Bach im Wellenkräuseln
erinnert an die Falten: Zeit.

Manches Mal zähl ich das Sonnen-
blinzeln durch das Blätterdach
der alten Weide: Ewigkeit, du Augenblick.

»Eine Drossel weckt
Plötzlich aus den Bäumen,
Und der Tag erwacht
Still aus den Liebesträumen.«

+ B) S. 52, Heimgang in der Frühe

Irrsinn beginnt

»Jedwede Chronik ist des Dichters Teich,
Ganz unerschöpflich kann er daraus angeln,
Denn unergründlich ist dies Quellenreich,
Und niemals wird es ihm an Fischen mangeln.«

Reize beginnen wieder meine Hände
zu bewegen. Eigenartige Wörter entreißen
sie dem Geist, der entwurzelt daniederliegt.
Sich selbst besehen bedeutet: Schweigen.
Risse bilden das Gewand zum Sehen um.
In Traumfabriken – brennender Abfall: N o t !

Ich gehe in den Flammenspitzen auf
und ab. Bin Rauch, Nebelwolke – Wasser
des Löschtrupps –, brennende Materie.
Da sitzt dieses Bündel Mensch,
unfähig der Wörter, und er schreibt.

Der Bach fließt in den Abend,
in die Nacht. Der nächste Tag! Die Reize
sind vorbei. Die Hände ruhen. Stille
reißt den Atem nach innen. Augen
verweisen nicht auf Leben. Wieder und
wieder steigt Rauch auf! Irrsinn beginnt
sich Sinn zu verschaffen: Schweigen!

Und aufgewacht an der Au?
Wie lange noch Himmel: Hier Dein Blau?
»Und er tat einen guten Fang und Streich,
Kann er sich wohlig dann am Ufer rangeln.«

+ B) 24 Kantus, S. 266

Abendstimmung

»Ich nahm, wie man's so tut, im Schritt
Ein ausgewachsen Schilfblatt mit …!«

Abendstimmung. Bäume dunkeln.
Finken rufen letzte Wolken an.
Vorbeiflug. Rötlich! Vogelgleich
der späte kühle Abendwind.

Käuzchen richten für die Nacht
zum Beuteflug die Kuschelohren.

Aus seichtem Bache leuchten Augen:
Frösche! Frech, der Zaunkönig,
in banger Weite er
sein Lied ertönen lässt.

Lichtgefüllt die Fenster in den Häusern.
Der Abend tritt vors Haus.

»Die neunte Symphonie: das Himmelreich.
Horch auf, mein Herz: Es schweigen Streit und Streben.
Es lebt, es reißt dich hoch, dem Phönix gleich,
Bald wirst du nicht mehr an der Erde kleben.«

A) Kleine Legende, S. 83   *B) An die Musik, S. 29*

Der Schmetterling gaukelt durch das Leben,
trunken torkelt er her und hin,
damit der pfeilschnelle Flug des Räubers fehlet.
Trunkenes Torkeln soll auch meine Waffe sein.

Frische Luft und einsame Spaziergänge
sind die einzigen Vorzüge einer kleinen Stadt.

Aus: Auf meinem Gute, »Im Nachbars Städtchen«

Bachblinzeln

Der Ton in Blau-Verzauberung:
Hinaufgehoben. Horizontbefreite
Andacht. Wörter Liliencrons
im Bache der Erinnerung.

Es windet sich der Hohn
in meinen Wörtern.
Fingerkuppen recken sich
ins Licht – Halm an Halm.

Sattes Wiesenblumengras liegt
duftbereichert mir zu Füßen.
Pferdekutschen der Erinnerung
verzaubern mir den Glockenklang.

Fernab vom Leben, tot sind diese Bilder.
Ewigkeiten, Augenblicke reifen sich
zur Blüte: Wiesenpracht.
Der Duft, selbst Heim geworden:

Abendwiese, grünes Zelebrieren!
Grillen zirpen ihre Melodie.
Im Bach das Blinzeln:
Sonnenuntergang!

Zeit

Geboren. Nur ein Schrei,
um aus dem Wasser
emporzusteigen.

Zweiter Weltkrieg: Hamburg.
Flammenmeer. Tod dem Kinde.
Mitgegeben: Heimat – meine Zeit.

Kindheit, Jugend – Jubilieren,
Trotz des Tötens in der Welt?
Meine Stunde. Kleines Dorf am Rande

der Unendlichkeit. Geboren für das
Unternehmen … hier
am Rahlau-Bach im Wort zu sein!

E r o t i k der Natur ...

Neulich sah ich einen bunten Vogel.
Sein Kleid entflammte in mir
tiefes Wohlgefühl. Betroffen sah
ich mich dann in dem Spiegel
– einfach – nackt und blass die Haut.

Später dann traf ich ein Mädchen.
Ihr Kleid war Blumenduft und
zart ihr Hauch. Betroffen ich.
Dann sahen W i r die Haut im Spiegel.
Wieder flog ein bunter Vogel
wie ein Lied an U n s vorbei!

Begegne MIR
in meiner Hand,
du Zauber eines Lichtes.

Erquicke dich
in Zärtlichkeiten:
Zauberfee.

Ungeachtet fliegt
mit leichten Schwingen
ein Gesicht vorbei.

Erhebe jetzt die Hand:
Begegnung – Hände grüßen –
Eine Zeit fällt

wortlos vor mir
aufs Papier: wird frei
und fliegt davon

in ätherblaue
Nachtgedanken,
schrankenlos.

Eingefangen
steh ich da:
a u f g e w a c h t !

DU
… bist mein Untergang,
ich bin verloren.

Du schwimmst in Zeiten
alle meine Wörter fort.

Du hast die Sinne in
die Dunkelheit gezogen,

dorthin, wo die Geburt
besprochen wird.

Du hast die Lichter ausgeblasen,
ich bin so zerrissen.

Du hast mein Ich zerschnitten,
wie ein »Großes Bild«.

Du hast in vielen Puzzlesteinen
dein Gesicht gelegt.

Von langer Krankheit genesen
(Mein Vermächtnis)

Es kam der Tag, da
waren meine Hände Sonnen.
Dunkelrot verfärbte sich
mein Wort. Augen funkelten
in meinem Blut, das Selbst
erkannt zu haben. Im
Licht gebar das Nichtwort

sich in Fragen um. Ich
verstand. Alle Schatten
dieser Welt sind die Skelette:
Menschen. Im Widerschein ergab
sich die Verbrüderung des Sein,
das Geben aus dem Selbst
muss neu belebt dem Blute

Auge geben, damit das Antlitz
Mensch in sich noch weiterleben kann!

Kleine Au am Rand der Zeit

Eingebunden in die Allheit der Natur,
umkost vom letzten Gelb bis Rosa:
Abendstimmung, sie, die grillenzart
das Spiegelbild der Au vertont …
und der Refrain: ein Eulenschrei!

Eingenommen von dem kühnen Sprung
des Fisches, der mein Spiegelbild zerbrach,
so meditiere ich, dem Blatte gleich, das
regungslos am Baum – die Zeit
an sich vergaß.

Hingemalt im Trunken eines Farbensterbens
– nachtgebärend – schleicht der Abend grau
sich in das Glutbett der Allee, die
vom Sonnenlicht geschmiedet tags
noch unvergänglich schien.

Eingebunden in die Allheit meines Schauens
tapsen müde Füße heim ins Bett,
um am Morgen mit dem ersten Nebel
aufzustehn. Ungezwungen! Wieder
und wieder in dieses Bild hinauszugehn …

Kleine Au am Rand der Zeit!

»Der Weg ist mein Z i e l «

Jeder echte Lyriker, der seine Lyrik
lebt, ist Vater aller Menschen, eins
der größten Vermächtnisse, die sich
wahre Lyriker geben: zu leben.
Nicht der Impuls, das Wort in
Gold zu münzen legt die Lyrik
sich selbst ans Herz. Sprache ist

der Lyrik, wortlos, gegeben. Darum
ist die Melodie, aus der Seele zu leben,
mehr als alle Machtgier dieser Welt.
»Manches Mal ist das Wort die Tat,
und dann ist sie mehr als alle Taten …«
so und nicht anders, wie SEUME die
ganze Tiefe sah, ist Lyrik zu verstehen.

Lyrik ist die Hand, die mich wortlos
durch das Leben führt: der Weg als Ziel!

Die Alte Dorfschule

Kinderblicke kennen es, das Alte Fenster. Jenes Glas
ist innen und gleich außen mir.
Tausend Blumen fangen an zu leben. Wärme
löst den Alltag aus dem Leib,
im Vater wieder Kind zu sein.

Dahlien, die – nach dem schwedischen Botaniker Dahl.

Der Vater meines Freundes hatte einen ganzen
Kellerraum ausstaffiert, nicht um zu tanzen,
nein, für die Regale, Dahlienknollen in Reih
und Glied, wintergerecht, in Töpfen, in Kästen,
in Tüten und in Sieben, aufgehängt – auch fest
verschlossen – seine Wissenschaft genoss er:

Das war sein Jahr!

Frühjahr! Ein reges Treiben. Die Rabatten
umgegraben. Bedüngt wie gehabt.
Löcher mit dem Maßband gerichtet,
die Rabatten vom Unkraut gelichtet.
Der Schweiß floss in Strömen – die Zeit
drängte, den Keller zu öffnen, den Tresor.
Und? All die Knollen kamen hervor.

Große, kleine. Längliche, auch runde.

Eingegraben alle. Die Löcher verschlossen.
Zu guter Letzt das Ganze köstlich begossen.
Dann wartete er. Erstes Keimen. Dann
erstes Blühen. Farbentupfer, so weit

das Auge reicht: Dahlien! Wie ein Künstler
gestaltete er das Bild – seinen Garten.

Das war sein Jahr! Für mich ein singender
fröhlicher Blick – vorwärts, und heute: zurück!

Stiller Dialog:
Herbst des Lebens. Die Blütezeit
flog heut als Wort vorbei. Abendrot erfüllt
mit wunderbarem Licht den Blätterfall.
Die Blüte Lebenswind wird Frucht … Werden:
Stiller Dialog!

Ich liebe
      also lebe ich.
Ich sehe,
      also bin ich da.
Ich schmecke, höre, atme noch
in Wörtern aus,
      also bin ich hier zuhaus!

Das Wort ist mir geblieben,
wie ein Licht am Morgen.
Das Wort ist Seelentröster mir
wenn ich am Abend in die Sterne schau.

So ergehe, sehe ich das Morgenrot
und jenen Zauber, wenn die Nacht
die Sonne zu sich nimmt. Ich
träume mir die Wörter aus der Feder
hinein in jenen Schlemmergrund:
Mit mir – im Wort – die ganze Welt
zu Gast. Wir haben uns: Ich

Du, Er, Sie, Es. Und alle die,
die ich noch kennen lernen darf in m i r .

Ich liebe, ja, ich liebe alle Blumen!

Frühling gestern und heute

Im Brack die ersten weißen Blüten.
Im Schilf die ersten Spitzen: grün.
Im Wald die ersten Knospen aufgesprungen.
Mir gegenüber lacht der erste Mensch.

Am Himmel erste Flecken blaugemasert.
Am Boden erstes krabbelndes Getier.
Am Waldessaum ein erstes Jubilieren.
Mir gegenüber das erste Liebespaar.

Hinter dem Brack, abgebrochene, tote Birken.
Hinter dem Waldessaum – Müll – unversorgt.
Hinter dem Schilf am Ufer gluckst Chemie.
Mir gegenüber lacht heut niemand mehr.

Es ist eine Frage der Zeit

Blind vor Licht gleißt mir das Auge
über weißen Wahnsinn hin. Der Adler
schaut mit offnen Lidern ins Gestirn,
das zugeblendet mir die höchsten
Höhen sperrt. Da schloss ich sie –
die Augen, sah dasselbe Licht!

Nur fliegen, wie der Adler? Wenn ich
einst wortlos bin, kann ich auch das.

Noch nie war mir das Lied so nah,
das ich nie gesungen.
Noch nie war so voll Tränen
meine Nacht.
Noch nie hab ich mit einem
Nicht-Wort so gerungen.
Noch nie hab ich im Geiste
Menschen umgebracht.

Heut Morgen sang ich dieses Lied,
es waren Worte ohne Töne.
Heut Morgen weckte mich ein Lächeln
aus dem Tränentraum.
Heut Morgen war das Nicht-Wort
mir ein Kranichschrei.
Heut Morgen sah ich einen
Galgenbaum.

Vielleicht wird dieses Lied
einst wortlos.
Vielleicht erstickt die Träne
Freud und Leid.
Vielleicht wird selbst der Kranich
ausgestopft: Symbol des Tötens.
Vielleicht trägt einst der Tod
ein weißes Federkleid.

Bleibender Gedanke: Heimat

Erstes Kosen
Zerrbild einer Nacht
die Qual des Auseinandergehns!
In den Oasen
türmt sich Sand.

Bleibender Gedanke,
erste Liebe.
Zerrbild einer Nacht,
die Qual des steten Weitergehns!
In den Höhen
bilden sich die Schatten für das Tal.

Bleibender Gedanke,
erste Wahrheit.
Zerrbild einer Nacht,
die tausend Lügen einzusehn!
In den Losungen der Welt
die Gier nach Macht.

Bleibender Gedanke,
erster Tod.
Zerrbild einer Nacht
in Krankheit Leben zu verstehn!
Augen spiegeln sich
im Insichgehn! Erstes Kosen.

Heimat: Du!

Masken

Welch Zauberwelt liegt mir
im Angesicht des Lichtes vor den Füßen.
Der Ausgangspunkt lag einen Schritt voraus.
Zurückgeschaut lässt alles das dich grüßen,
was in Vergangenheit schon Zukunft war.

Ob Polenangriff, um Deutschland zu
vergrößern, ob Reformationszeit, um
als Mensch im Licht zu gehn. Ob der
Zusammenbruch sowjetisch oder nur
ganz menschlich abzusehen war.

ALLE Soldaten werden ausgebildet,
ANDERE zu töten. Tucholsky brachte es
auf seinen Punkt. »ALLE Soldaten sind
Mörder!« Nein!, schreit laut die schnöde
Macht, der Staat: »Sie schützen uns!«

Gedankenfreiheit, sie wurd' immer klein-
geschrieben. »FATWA! Tötet alle die, die
gegen den Islam …« Und wir Menschen
töten, töten selbst
im Blutrausch weiter.
Ob's Mord war, das bestimmt die Obrigkeit!
ALLE Mauerschützen treten vor … Und?

Welch eine Zauberwelt: Soldat zu sein!

Unbenannt

Welch wunderschönes Lied,
kleiner Vogel,
bringst du
so trällernd in die Andacht ein?
Hier, in Wolken gehüllt,
umgeben von mir. Und das Ich
nimmt mich mit – selbst du –,
ein Vogel zu sein.

Dein zauberhaftes Trällern,
kleiner Vogel,
bringt mir
erhaben die Andacht zurück,
hier, sonnenwasserumglitzert,
Teile meines Ichs zu hören.
Ich fliege zu dir – mit mir –
in das Vogelsein.

Froschkonzert am Stausee

Erste Schatten trunken sich mit
Sonnenlächeln paaren. Im Park
ein leichter Sommerhauch sich
kräuselnd um den Weiher legt.

Leises Dröhnen von der Straße
ist zu hören: LKWs im Abendwind.

Der Schmetterling nascht Nektar
aus goldblonden Kelchen. Sein
Abendbrot nimmt er im Fluge ein.
Da! Tümpelwellen. Zwei zierliche Augen.

Aufgeblähte Flüstertöne. Frosch-
gesang: Quakendes Raunen

ertönt, als nähme ER den Weiher
in sein Lied mit auf. Dann schweigt
der Dirigent, der Tonangeber – jetzt –
wacht der ganze Weiher langsam auf.

Ich höre den Tenor heraus: auch den Sopran
zu guter Letzt: Ein Wort, ein Bild, und
in dem Teich ein Augenpaar.

Träume vor leeren Feldern

Wenn ich die Weisheit einst erkenne,
dann schwiege sie im Licht sich aus.
Ein Ährenfeld liegt auf der Tenne,
die Sonne eingefangen krönt das Haus.

Wenn ich das Wörtchen Gott einst offen sehe,
dann nähme ich dem Glauben das Gesicht,
Strohspelzen auf offenem Felde.
Am Körper wurd' das Wort zum Licht.

Wenn ich das menschlich reinste Wesen,
das der Verstand gebären kann …
auf abgemähtem Felde, nutzloses Stroh,
eingefahrene Wärme in meiner Hand.

Mir ist die Wahrheit ein seltsam Ding,
Gesichter mir im Erkenntnisring …

Träume vor leeren Feldern.

Sonnenumflutetes Unterfangen

Hinausschreiten.
Wortgeprellt geh ich den Weg
ins Anderssein.

Jeder Schritt im Leben ist
ein Beben, eine Blüte, die
dich zur Entfaltung drängt.
Und im Innersten
die Frucht.

Dunkelheit umgibt mich,
zähle ich die Sterne.
Hineingegangen ist
der weitere Weg.

Jedes Jahr im Leben wird
ein Ästchen und ein Ring
im Leib, um am Ende – Baum –
gar Mensch zu sein.

Spazieren gehen in Rahlstedt

Es dunkelt sich der Abend in das Fühlen
hinein und auch hinaus, durch jene
Feuerlohe zartbewölktes Abendrot.

Gelbe Blütenkelche, grabenrand-bevölkernd
schauen aus wie Sterne, die
vom Weltenfluge aus sich ruhn.

Der Horizont vom Blätterwald umrandet
kreist ein mir das Gefühl, in jenes Feuer
aufzusehn, das wiesenbröckelnd sich

im All verliert – wie mein Gedanke:
In Rahlstedt spazieren zu gehn.

V

Nachwort und Vorwort zugleich

Liebe Rahlstedter,

liebe Wahlstedter

Zukunft und Rückblick

in vielen Wortbildern, Jahreszahlen usw.

von A-W Beutel, einem Wahlstedter

Heimat ist überall

Ich seh das erste Grün
im Grau der nackten Riesen
und irgendwo ein gelbes, falbes
Blatt in der Betonallee.

Kastanien erwachen aus dem Schnee
verlassner Tage, und aus dem grauen
Spitzenkleide zarten Astgewirrs
Lichterkronen: Bienentanz.

Ich sehe erstes G r ü n …!

Träumereien in **Wortbildern**

Der Blick zurück.
Der Blick voraus.

Am Ende ist das Wort Beginn
Einheit mit dem – Ist – geworden.

Worte, sie sind kaum zu trennen,
man steht und schaut:
Man liest und sinnt, dann
merkt man, dass die Zeit verrinnt,

und gehet aus dem Raum hinaus,
fühlt sich wohl im Wort: ZUHAUS.

Das ist der Punkt. Ist er erreicht,
dann hat das Büchlein seinen Sinn:
Liliencron und die Rahlau,
wie Brockes sagt: gestaltend

im Innersten Schutzgeist zu sein: Hier
für Liliencrons Werk, das tiefst
mit Rahlstedt und mit mir
verbunden bleiben soll!

Nur ein Poet

Er weinte oft, wo andere noch
lachten, und faltete die Hände dort,
wo im Gelächter irgendwo ein Mensch
verhöhnt, dem Spott der Masse
ausgeliefert war: Allein!

So ist das Handwerk, Handwerk dem
Poeten, der aus der Nähe die Kollegen:
Menschen sah. Der Philosoph spricht
wahr und weise, bis seine Wahrheit
aufgelöst wird: Zeit – das Weise blieb
so lange, wie die Obrigkeit die Gleise
ins Verstehen oder Nichtverstehen trieb.

Und der Poet? Er schreibt vom Für und
Wider zwischen all den Zeilen
und wartet auf den Augenblick, bis er
erkannt. Nur – meist ist der Poet
schon lange, lange tot. Ein Zeichen
blieb – und färbt den Himmel rot:

Das war sein Wort –
»Im Licht verbrannt!«

Der folgende Text steht auf einem großen, vom »Bürgerverein Rahlstedt« aufgestellten Schild am Eingang zum Gewerbezentrum. Anschließend folgt das Naturschutzgebiet: **Höltigbaum!**

Auf den Schießständen des Übungsplatzes wurden, beginnend mit dem Jahr 1940 bis zum Ende des Zweiten Weltkrieges, mindestens 330 Wehrmachtsangehörige, aber auch Kriegsgefangene hingerichtet.

Die Todesurteile fällten Kriegsgerichte der Wehrmacht in Hamburg, Fahnenflucht oder Wehrkraftzersetzung waren zumeist die Gründe.

Aus Soldaten der umliegenden Kasernen bildete man die Hinrichtungskommandos.

Kurz vor Kriegsende, am 28. April 1945, fanden die letzten Exekutionen statt.

W i r

Wir rotteten die Indianer aus.
Wir töteten die Christen in Arenen.
Wir schauten zu. Die Neger versklavten
Wir. In den KZs vergasten
Wir die Juden.
Wir töteten als Christen, sie, die
Wir zu Hexen machten. Die Inkas töteten
Wir, um reicher noch als reich zu sein.
Wir töten heute Moslems, Bosnier, die Serben
            und Kroaten:
Wir.

        Und einer schrieb!
Wir sind das Volk, und Tausende meinten,
Wir machten eine Revolution.
Wir … sagt bitte nicht WIR – sind die Menschen.
        Verdammt noch mal, wer ist denn dieses
W I R ?

Meine Gedichte

Wie oft hörte ich sagen: »Ein Gedicht bedeutet im Allgemeinen, so, wie das Wort es sagt – verdichten. Nicht unbedingt Reimen, aber verdichten.

Für mich trifft diese so allgemeine Aussage nicht den Nagel auf den Kopf. Zuerst einmal bedeutet ein Wort, ein einziges Wort, eine unendliche Zeiteinheit. Es ist gewachsen. Über Jahre haben sich die Inhalte geändert, arbeitet man mit dem Wort. Ich nehme auf, reihe ein. Da gibt es das Wort Apokryph, das in Meyers Lexikon (1905) mit »verborgen« übersetzt wurde. Im Neuen Duden steht dort »unecht«. Wer aber will mir beweisen, dass verborgen unecht ist?

Das Wörtchen Liebe war zuerst mit einer Kleinstberührung der Hände verbunden, vielleicht war's auch nur ein einziger erster Blick. Was ist heute, bei der Horrorlandschaft TV noch ein Blick, eine Berührung? Selbst Nachmittags laufen Lustschreie sich nackt tobender Leiber über den Bildschirm. Lust ist etwas Wunderbares, wenn zwei Menschen sie gemeinsam genießen können, dazu gehört auch das Berühren der Hände.

Sie sehen, das Wort Liebe ist in mir gewachsen bis in die Horrorlandschaft. Um von Gipfel zu Gipfel zu gelangen, muss man durch Täler gehen, wenn nicht bewusst: Dann stürzt man sehr, sehr tief.

Das erste Wort wäre geschrieben. Verborgenes! Das zweite: unecht! Das dritte: Liebe. So reift durch die Jahre, Jahrzehnte irgendein Gedicht, und man fragte mich oft: »Wie lange schreiben Sie an einem Gedicht?« Ich antworte: »Mein ganzes Leben!« Und keiner verstand mich bisher.

Die Verse, Strophen fließen auf das Papier. Sie sind Unendlichkeiten, die nur über das Leben des einzelnen Autors nachzuvollziehen sind. »Also doch Verdichtetes!«, höre ich sie rufen. Nein! Selbst dieses anscheinend Verdichtete ist ein einziger Augenblick, der mir vergrößert aus der Hand fließt, um mir eine Antwort zu geben. Das eine Gefühl erfährt sich selbst und bittet um Verständnis in der Mannigfaltigkeit der Symbole: Wort, Zeichen zu geben, um der Melodie einfach Melodie zu sein.

So komme ich auf mein Gedicht: WIR! Immer, wenn ich dieses Gedicht las, riefen einige Leute brüskiert: »Dazu zähle ich mich nicht.«

Ich stelle in der ersten Zeile die Behauptung auf:

WIR ... rotteten die Indianer aus. Und weiter ... WIR ... töteten die Christen in Arenen, um am Ende das WIR mehr einzugrenzen.

Und einer schrieb:

WIR sind das Volk. WIR machten eine Revolution, um in der Schlussnote zu fragen: Verdammt, wer ist denn dieses WIR?

Sind WIR im Laufe der Jahre so versklavt durch das Ich der anderen, dass wir unser Wir nicht mehr erkennen können? Hier findet eine ungeheure Erweiterung von DREI Buchstaben statt, denn diese Frage – WIR – kann ich in alle Bereiche des Lebens hineinprojizieren. Verschließe ich die Augen, dann bin ich von allem WIR ausgeschlossen. Wenn ich mich aber als Egoist dem WIR unterstelle, dann, werde ich bemerken, stelle ich diese Frage dem Selbst, dann werde ich herausfinden, dass nur ein ganz natürlicher Egoismus sich wahrhaft dem WIR unterstellen kann, nämlich der Zukunft: Emanzipation – Mensch!

Wieder ein neues Wort. Emanzipation – und so kommt man über ein kleines gewachsenes WIR zum ICH und versteht den Anderen besser und damit sich selbst.

Meine Lyrik ist keine Verdichtung, sondern eine Erweiterung, eine Hinwendung, dem Abstrakten, dem Wort eine Melodie zu verleihen, die den Augenblick einer Umnachtung freigeben soll, im Zeichen, das Licht angedeutet zu haben., das im Schatten nur schwarz auf weiß zu betrachten (lesen) ist.

Lese ich ein Gedicht, dann muss ich als Leser zuerst einmal meine Zeichen erweitern, und das beginnt mit einem einfachen

Versuch: Verstehen wollen! Tritt dort schon eine Blockade ein, wie will man, verschließt man die Ohren, die Melodie hören, um geschlossenen Ohres den wahren Grundtenor des Autors zu erfahren: W I R !

Um das Niederdeutsche ganz kurz zu Wort kommen zu lassen, an dieser Stelle ein Gedicht auf PLATT, vom Vater 1936 geschrieben.

Morgens up 'n Buerhoff

Ik sitt hier vör de Kökendör
un reck mi hin und her,
denn kiek ik mol den Weg henlang,
noch allens still und leer.

De Sünn glupt dör de Telgen schon,
de Dau de legt sich dol,
lütt Katten speelt um den Appelboom,
dor günt am Gartenpaal.

De Gössel kiekt sich schulig üm
un denn nat Water rinn,
wat is dat moi, wat is das schön
in hellen Sünnenschien.

De Hahn de tuckt. De Höhner kamt
un stoht vör d' Deelndör,
denn pet se sich nah'n Messen rup
un sökt noch allens mol dör.

De Köh' treckt na de Weid' hendal,
die Peer steckt den Kopp utn Stall,
de Swin stoht vör den Futtertrog
un tövt, wat kamen soll.

De Buer steckt de Piep in Brand,
de Anten seggt wiidewitt,
de Buersfru kommt mit Holt und Spön,
ik glöv, ist's Kaffeetiet ...!

Heimat/Wahlheimat

Oft fragte man mich: Heimat, wo ist das?
Geburtsort Hamburg im Flammenmeer?
Großeltern? Mecklenburger Kriegs-Schulbeginn.
Hamburg schien verloren.

Ausgehobene Gräber: Bunker! Jugendzeit!
Sport, Musik – meine Schreiberei?
Napoli. Slums erlebt … mitgebebt.
½ Jahr zum Äußersten bereit. Vorbei!

Krankenhaus: Ort, an dem ich geboren?
Mutter gebar mich daheim.
Moskau erlebt. Prag, am Wenzelplatz? Fasst
erfroren, wie man Freiheit brutal im Keim

erstickt. Auf den Azoren? Ich war da.
Auf dem OP-Tisch vom Chefarzt betreut,
in den Händen mein Herz: Koronargefäße
ausgeräumt: Heimat auf Zeit …?

Meine Zeilen sind nicht Wahrheit und nicht
Lüge. Meine Wörter, das bin ich – ganz allein.
Die Rahlau, Ort meiner Wahl soll
ab heute mein Zuhause sein:

Wahlheimat ist dort, wo man hinausgeht
und dann mit einem Lächeln wieder heimwärtsweht.

Werden im Sein

… Und ich ging die Straße der Wörter: geboren.
… und ich ging die Woge des Lichtes: Werden im Sein.
… und ich trottete gemächlich hinüber …
… und.

… Und ich bog um die Ecke: Altes empfing mich.
… und ich schloss die Augen: um wortlos zu sein.
… und ich gab mir die Sporen: Ich flog ins Vergessen.
… und.

… Und ich log, um die Wahrheit zu erkennen.
… und ich gab mich sündenhaft: um frei zu sein.
… und ich wollte töten: Krieg, da hörte ich auf
… ein Mensch zu sein … und.

… Und ich ging die neue Straße: unverstanden.
… und ich ging die Wege der Dunkelheit: all-ein.
… und ich trottete gemächlich hinüber …
… und: Werden im Sein!

Frühling

Kätzchen, schneeweiße Flocken
lösen den Winter ab. Amseln locken
Sonnenstrahlen in den Tag.

Irgendwo töten sich Menschen!

Der Weidenbaum am Bach
presst süßen Saft gen Himmel
– erdgeschwängert – farblos noch.

In meinem Hoffen immer noch: Töten!

Eingangs hörte ich ein Vogelpärchen
Frühling rufen. Ich war dabei,
als ES den ersten Halm zum Nestbau nahm.

… für Momente war in mir der Krieg vorbei!

Ein Schild erinnert an den unbeschränkten Bahnübergang,
Und die Alte Schranke wurde Museumsobjekt!

Diese Bahnschranke sicherte viele Jahrzehnte
        den Bahnübergang
Oldenfelder Straße/Rahlstedter Bahnhofstraße.
        Zur Erinnerung an diese Zeit ließ
der Rahlstedter Kulturverein E. V.
die Originalschranke
nach der Stilllegung des Übergangs
im Frühjahr 2004 hier aufstellen.

Die Alte Bahnübergangsschranke

Vor dem Hochhausparkplatz
liegt in Ruhe heute jene Schranke,
sie, die Menschen trennte vom Geleise,
wenn der Zug in Richtung Hamburg
dröhnte. Dann fiel, aus Gitterrosten
und Metall, die ranke Schranke
nieder und bewachte so des
Dampfrosses Überfall auf
Mensch und Tier.

Schweigend gehen Menschen heute
tunnelwärts und schrankenlos,
wenn das Stahlross knatternd
ratternd über ihren Köpfen stadtwärts
tobt: Großstadtherz, was willst du mehr!

174

So wechselt ohne Schranke Auto, Mensch
und Tier: Rahlstedter Bahnhofstraße und
den Oldenfeldern zum Gruß
auch der Bus. Und in Erinnerung
an diese schlanke Ranke aus Metall
band man sie ein: Museumsstück zu sein.

Vor dem Hochhaus-Parkgebäude ruht sie aus.
Und das Schild vom Studio Karel
erinnert an die Zeit, da dies Gestell
behütete uns alle vor dem Garaus,
die Gleise schutzlos zu betreten.

Ausklang

Es grünt der Tag in allen Blattnuancen.
Die Erde blüht ihr Chlorophyll ins Licht,
damit die Zugehörigkeit zum Leben
stets bestehen bleibt.

In den Weidenhainen duften Sonnenstrahlen.
Selbst die Au erfüllt mit Höhe mich,
– noch – ein Vulkan zu sein. Ich lebe meine
Wörter aus, so ungeboren Magma-

glutig: Feuerstein. Es grünt der Tag auf Mutter Erde.
Asche mit dem Film der Fruchtbarkeit
setzt seinen Keim »gegrünt – geblüht«
als Mittel Hoffnung in mein Sehen ein!

Der nächste Frühling kommt, wenn meine Tränen
ausgeblutet, nass den Keim, die Sonnenseite
der Empfängnis, Licht verleiht.
Verloren ist der Mensch erst dann,

wenn er den eigenen Hass nicht Träne werden
lassen kann. Das Wort besinnt sich, es
beginnt zu grünen, wenn auch noch »grau«
der Tag und blass das Wort im Bild!

So sollen alle meine Bücher enden …

Heimgekehrt

Ich bin ein Jäger mit den Augen.
Friede!
Ich bin ein Suchender im Wort nach mir:
Verschwiegenheit!
Ich bin, so glaube ich, noch ungeboren:
Liebe!
Ich lebe außerhalb der Zeit. Bin ich noch tot?

Ich bin der reichste Mann der Welt, denk ich
an all mein Fühlen: Sehen!
Ich bin mit all dem Reichtum dieser Welt
bestückt: Ich lebe heut und hier!
Ich bin zum Sehen – für das Morgen –
mit der Liebe ausgestattet, in all der Dunkelheit
noch Licht zu sehn.
Ich bin ein J ä g e r ! Ich liebe, also lebe ich!

So fand ich mich: ich! …